名古屋学院大学総合研究所研究叢書 30

転職の意味の探究

質的研究によるキャリアモデルの構成

安藤 りか 著

北大路書房

もくじ

序 章 転職と質的研究 …………………………………………………… 1

1 本書のテーマ　*1*

    1.1　転職研究における「冷淡な傾向」

    1.2　4つの問い

2 質的研究　*4*

    2.1　質的研究とは何か

    2.2　SCATとは何か

    2.3　質的研究の認識論

    ▶ SCATによる分析例

Column ❶　　働く人の4, 5人に1人は頻回転職者　*12*

第1章　転職研究における転職「観」の変遷
―― "逸脱" から心理・社会・文化的文脈に基づく
多様な解釈へ ………………………………………………… 13

1.1　転職の定義　*13*

        1.1.1　わが国の研究における定義

        1.1.2　海外の研究における定義

1.2　線形キャリアモデルにおける転職　*16*

        1.2.1　線形キャリアモデルの誕生と普及

        1.2.2　線形前期キャリアモデルの転職観

        1.2.3　線形後期キャリアモデルの転職観

1.3　非線形キャリアモデルにおける転職　*21*

        1.3.1　非線形キャリアモデルの特徴

        1.3.2　バウンダリーレスキャリアの転職観

        1.3.3　プロティアンキャリアの転職観

        1.3.4　バウンダリーレスキャリアとプロティアンキャリアの結合モデルの転職観

1.4　非線形キャリアモデルの発展的モデルと頻回転職　*26*

        1.4.1　種々の発展的モデル

        1.4.2　発展的モデルの研究の特徴

1.5　わが国における頻回転職の研究　*34*

        1.5.1　成功する頻回転職

        1.5.2　精神病理の結果としての頻回転職

        1.5.3　不安定就業としての頻回転職

        1.5.4　頻回転職に関する研究の課題

Column ❷　　「転職＝悪玉」論は明治時代から　*37*

第2章　転職によって構築されていくアイデンティティ
―― 頻回転職を経た A 氏（小学校教諭）の語りの分析 ……… 39

2.1　本章の問題と目的　*39*

2.1.1　Erikson 理論と職業選択
2.1.2　古典的な移行モデルの特徴
2.1.3　「学校経由の就職」の後退
2.1.4　卒業と就職の分離による「シューカツ」の登場
2.1.5　「古典的な移行モデル」の再検討の必要性
2.1.6　職業選択に関する研究
2.1.7　本章の目的

2.2　方　法　*43*

2.2.1　質的研究アプローチの採用
2.2.2　研究参加者
2.2.3　データ採取
2.2.4　データ分析

2.3　結果と考察　*44*

2.3.1　ライフストーリーの分析

2.4　総合的考察　*63*

2.4.1　職業選択とアイデンティティ達成の異なるプロセス
2.4.2　職業選択の長期的スパンによる検討の必要性
2.4.3　「肯定的就業リアリティ」への注目

Column ❸　最近の大学のキャリア教育科目　*66*

第3章　頻回転職のキャリアモデル「善財童子キャリア」の構成
──13回の転職を経たB氏（団体職員）の語りの分析 ……… 67

3.1　本章の目的　*67*

3.2　方　　法　*68*

    3.2.1　研究参加者
    3.2.2　データ採取
    3.2.3　データ分析

3.3　結果と考察　*70*

    3.3.1　受験圧力への反発としての志望大学決定
    3.3.2　大学4年間を貫くスチューデント・アパシーと留年
    3.3.3　留年時（5年生）における教職選択
    3.3.4　教職適性をめぐるアイデンティティの問い
    3.3.5　学生アイデンティティの継続と教職からの撤退
    3.3.6　頻回転職の開始と国語科教師への同一化希求
    3.3.7　教職への再挑戦と再挫折
    3.3.8　災害の目撃を契機とする農業への職業興味のシフト
    3.3.9　農業キャリアの開始と青年海外協力隊員として得た「助けてもらう力」
    3.3.10　W市への移住と現職までの道のり
    3.3.11　B氏のライフストーリー

3.4　総合的考察　*83*

    3.4.1　頻回転職に対するB氏の認識の分析
    3.4.2　B氏のキャリアのメタファーとしての「善財童子キャリア」モデル
    3.4.3　「善財童子キャリア」の位置づけ

Column ❹　東大寺の大仏からコンピューターゲームまで
　　　　　　──隠れた主役の善財童子──　*93*

第4章 「善財童子キャリア」に潜在する意味の検討
──2名の頻回転職者（A氏とB氏）の対話的語りの分析 …… 95

4.1 本章の目的　*95*

4.2 方　法　*96*
- 4.2.1 研究参加者
- 4.2.2 A氏とB氏のキャリアにおける稀少な共通性と対称性
- 4.2.3 フォーカスグループの採用
- 4.2.4 データ採取
- 4.2.5 データ分析

4.3 結果と考察　*99*
- 4.3.1 キー概念としての「天職」と「漂泊」
- 4.3.2 天職に関する先行研究とその検討
- 4.3.3 漂泊に関する先行研究とその検討
- 4.3.4 インタビューの全般的状況
- 4.3.5 天職に関する両氏の語りとその分析
- 4.3.6 漂泊に関する両氏の語りとその分析

4.4 総合的考察　*117*
- 4.4.1 両氏の共通性（善財童子キャリアの内面的現実としての両氏に共通する認識のあり方）
- 4.4.2 両氏の対称性
- 4.4.3 善財童子キャリアモデルにおける両氏のキャリアの位置づけ

Column ❺　　鶴屋南北・テレコ・質的研究　*120*

終　章　「善財童子キャリア」モデルが問うもの ……………… 121

1　本書における発見　*121*

2　「善財童子キャリア」モデルの意義　*123*

3　今後の課題　*126*

4　読者への問い：結びにかえて　*127*

　　引用文献　*129*
　　人名索引　*143*
　　事項索引　*145*
　　あとがき　*149*

序 章

転職と質的研究

1 本書のテーマ

1.1 転職研究における「冷淡な傾向」

　周知のように，戦後長らくの間，わが国における職業キャリア[*1]形成といえば，"新卒で正社員として就職した企業・団体で定年まで働く"というあり方（以下，一企業キャリアと呼ぶ）が主流であり，労働条件や収入面においても優位だとされてきた。一方，その主流から外れた，転職[*2]をして働くというあり方（以

[*1] 「キャリア」という言葉の定義は多様である。本書では海外のキャリア研究で用いられる代表的定義である Arthur et al. (1989) による「個人が長年にわたって積みかさねた働く体験の連続」（渡辺，2007 による翻訳文）を定義として用いる。
[*2] 第1章で触れるが，「転職」という言葉もまた（とくに海外の研究では）研究者によって解釈がさまざまである。本書では，転職の多様な側面を検討する必要から，転職意思や職務変更などの特定の要件を含んでいない，Price (1977) による「一つのシステムのメンバーシップの境界を横断する個人的移動」という転職の定義に概ね準拠する。ただし，必ずしもそれに固定化するのではなく，各章での検討の必要に応じて柔軟に解釈していく。

下，転職キャリアと呼ぶ）は，労働条件や収入面のみならず，職業スキルの蓄積や社会的信用の獲得などの面で有形無形のハンデを負うとみなされることが多かった。

　そして，おそらくはそのような観点を前提として，研究上も，転職キャリアは決して推奨すべきものとしてではなく，予防・回避すべきものとして扱われる場合が多い。豊田・小泉（2007, p.38）は，わが国の転職研究の視点が転職に対して「冷淡な傾向」を有し悲観的な結論を導きがちなことを指摘したが，これはこと転職当事者の認識や価値観に注目した研究においても同様といえる。既存の研究では，「職業選択の未熟さ」「バーンアウト」「職業と家庭の両立の困難さ」などの転職者の否定的な認識の検討が主であり，いかに転職意思を低減させるかという提言を行う例も少なくない。

　しかし，実は，転職経験者は存外に多いのである。全国の15歳以上の男女50,677人をサンプルとした全国就業パネル調査（リクルートワークス研究所, 2018）によると，雇用者全体（正規雇用か非正規雇用かにかかわらず雇われて働いている人）のうち，転職経験者（学生除く）は65.5％である。そのうち，一企業キャリアを実現しやすいであろう正規雇用者に限ってみても，転職経験者は54.5％（男性51.7％：女性60.7％）に及ぶのである。この転職経験者の多さは，通勤電車で見かける出勤途中と思しき人たちの5, 6割が転職経験者だと考えればすぐに実感できるだろう。

　では，主流とされる一企業キャリアを実現している人はどれぐらいいるのだろうか。同調査によると，転職経験が皆無で標準的な定年該当年齢(55～64歳)に達している正社員は36.3％（男性41.0％：女性24.1％）と4割にも満たない。つまり，少なくとも割合の上では，転職キャリアのほうが一企業キャリアを上回るのである。となると，もはや転職キャリアは，わが国における典型的な職業キャリア形成の一類型とさえいえるのである。したがって，この典型的なキャリア形成について労働条件や収入等を論拠とする「冷淡な傾向」でのみ解釈し続けるのであれば，多くの人が転職キャリアで経験しているかもしれない意義のある側面を捨象してしまうことになるのではないだろうか。だからこそ，まずは「冷淡な傾向」をいったん脇に置き，今までとは異なる視点で転職経験者

のリアルな姿を探究することが必要になるのである。

そこで本書では，転職者の特徴を際立って有していると考えられる頻回転職者（本書では3回以上の転職を「頻回転職」と呼ぶことにする。理由についてはp.12のColumn❶参照）に注目する。終身雇用と年功賃金に支えられた日本型雇用システムの後退が指摘されるようになって久しくなり，働くことに関して不確実な要素が増す中で，頻回転職の「多くの職場で，短く働く」というあり方は，これまで主流とされてきた一企業キャリアの「1つの職場で，長く働く」というあり方に対するアンチテーゼ（ある主張を否定するための反対の主張）として有用な意味を持つのではないだろうか。そして，実際の頻回転職の当事者の認識が明らかになれば，上記したアンチテーゼを多元的に検討することができ，頻回転職という現象を通して，現代社会で働く意味や，それが私たちの人生にもたらすもの，そしてこれからの社会において働くこととどのように対峙していくべきか，といったことへの示唆が得られるのではないだろうか。

1.2 4つの問い

このような問題意識の下，頻回転職のリアルな姿について深く探究しようとする場合，次のような4つの問いを設定することができる。

①転職研究は転職および頻回転職をどのように位置づけてきたのか。

前述のようにわが国の転職研究には「冷淡な傾向」があるが，それはわが国の研究だけの傾向なのだろうか。本書では，アメリカを中心とする海外の転職研究における，とくに転職"観"に注目して，先行研究の整理と検討を行う。

②そもそも頻回転職の当事者は転職をどのように経験し，認識しているのか。

頻回転職当事者の経験と認識を詳細に分析したわが国の研究的知見は極めて少ない。このように十分な先行研究が無い中で行う研究として適しているのが「質的研究」である。詳細は後述するが，質的研究とは，インタビュー

や観察によって得られた言語データを一定の手続きで分析し，そこから結論を得る研究である。本書では，この質的研究の方法論に準拠し，頻回転職の当事者にインタビューを実施し，その内容を詳細に検討することで頻回転職者のリアルな経験と認識の描き出しを試みる。

③「一企業キャリア」に対するアンチテーゼとして通用しうる頻回転職のキャリアモデルがあるとするなら，それはどのようなものか。

　この問いの解決のためには，頻回転職の当事者のインタビューの分析から得た知見を精査した確かなキャリアモデルの構築が必須である。本書では，わが国初の頻回転職のキャリアモデルの提示に挑戦したい。

④本書で提示するキャリアモデルにはどのような意義があるのか。

　当然ながら，上記③で提示するキャリアモデルには何らかの意義がなくてはならない。その意義を明示したい。

本書のテーマは，これらの問いに対して，きめ細かな探究を行い解答を示すことである。問い①は第1章で，②③は第2章，第3章，第4章の各章にまたがって扱われる。④は終章で扱われる。

これらの問いの探究に先立ち，まずは本書の取り組みで重要な位置を占める質的研究について触れることにしよう。

2 質的研究

2.1 質的研究とは何か

一口に「研究」と言っても，その中には多様なタイプがある。そのうち，対象に関するデータを採取して分析・検討をするタイプの研究は，経験科学的研究に分類される。そして，この経験科学的研究には，「量的研究」と「質的研究」がある。本書が準拠するのは質的研究であるが，まず量的研究からその特徴を

見ていこう。

　量的研究とは，ある事象を数量で把握しようとする研究である。典型的には，先行研究に基づく仮説の下，仮説に適した母集団から無作為抽出した人たち（数百人〜数万人）に対してアンケート調査を実施し，その結果を数値データ化して統計分析することで仮説の正否を検証する研究，ということになろう。それによって，その事象の中の一般的な特性を発見することを目指すのである。たとえば，医学・生理学的研究，経済学的研究の多くがこの量的研究の方法論に則っており，知能検査や心理検査の多くも量的研究によって開発されたものである。

　一方，本書が準拠する質的研究とは，ある事象について質（性質，本質）そのものを，質的な手法により把握しようとする研究である（大谷，2013，pp.42-43）。典型的には，その事象に深く関わっている人（少人数）と研究者との相互的な対話の記録（以下，質的データ）を採取し，質的研究のために開発された手法（以下，質的データ分析手法）で分析することによって事象に潜在する意味を発見する研究，ということになろう。したがって，質的研究には，いわゆるインタビュー研究である場合が比較的多い。ただし，インタビューを実施すればそれがすべて質的研究となるわけではない。たとえば，ジャーナリズムにおける"聞き書き"や"ドキュメンタリー"は，その意義は別として，質的データ分析手法による分析を経ていないため，質的研究には含まれないのである。

2.2　SCATとは何か

　さて，この質的データ分析手法にはいくつかの種類があるが，いずれも次のような手順を経ることについては概ね共通している。すなわち，①対話の記録を，そのときの状況や背景要因なども踏まえて深く読み込む，②対話の記録を意味内容ごとに短く分割する，③その分割単位ごとにコード（キーワード）を付ける，④コード間の関係性や，関連する理論などを総合的に検討しながら，コードを整理・統合する，⑤その結果を理論として示す，という手順を経る。

　このような質的データ分析手法の中から，本書では，SCAT（Steps for

Coding and Theorization：スキャット）を用いる。SCAT は，大谷（2008a, 2011）によって開発された 4 ステップのコーディング手続きを有する質的データ分析手法である。現在までに，医学・看護学領域をはじめとして，教育学，社会学，心理学，語学，建築学，ソフトウェア工学など幅広い領域で SCAT を用いた多数の研究例が報告されている。

　SCAT は，所定のマトリックスの中に意味内容で区分した言語データを記入し，そのそれぞれに，①データの中の着目すべき語句，②それを言い換えるためのデータ外の語句，③それを説明するための語句，④そこから浮上するテーマや構成概念，という順番にコードを考案・付与する 4 ステップのコーディングと，そのコーディングの結果から理論を導き出す手続きとから構成される（表 P-1）。また，大谷（2008a, p.28）自身が，比較的小規模の質的データの分析を意図して SCAT を開発したと述べているとおり，SCAT はとくに小規模のデータの検討に適した手法である。

2.3　質的研究の認識論

　ところで，ここで予め触れておくと，本書のインタビュイー（インタビュー参加者）は A 氏と B 氏という頻回転職者 2 名のみである。第 2 章で A 氏のインタビュー，第 3 章で B 氏のインタビュー，第 4 章で A 氏と B 氏の対話的インタビューを取り上げている。

　となると，直ちに，「たった 2 名のインタビューに一般性はあるのか？」「偏った特殊な事例だから，他の事例にはあてはまらないのではないか？」という疑問が頭に浮かぶ読者もいるだろう。もちろん，筆者も本書の検討だけで完璧だと考えているわけでは決してない。ただし，質的研究としては一定の成果を示すことができると考えている。なぜなら，質的研究には「むしろ個別や具体を深く追究して深い意味を見いだすことで，それが深ければ深いほど，一般性や普遍性のある知見が得られると考える」（大谷，2016）という認識論があるからである。これは，より多くの"数"の賛同を重視する多数決の原理に子どもの頃から馴染んでいる私たちにとっては，すぐには受け入れ難い発想だといえ

るだろう。

　しかし，質的研究の認識論について，大谷（2016, p.11）は，納豆を一粒だけ取り上げようとしても，他のたくさんの粒がくっついてきてしまう様子にたとえた上で，次のように説明している。

> 実際，ひとりの回答者の体験は，その人と関わりのある，親，きょうだい，教師，友人などのさまざまな人々から深い影響を受けている。それどころか，そのインタビューの中で，それらの人々についても語られることがある。つまり，インタビューとは，その対象がたとえ1人でも，回答者1人に関してのみデータ採取を行っているのではなく，その背景にいる多くの人に関するデータ採取も同時に行っていると考えることは，決して不合理ではない。これが，質的研究で個別的・具体的な追究を深く行うことを通して，一般性や普遍性を汲み上げることを可能にするのである。

　このような認識論に立った場合の一般性・普遍性は，「比較可能性」と「翻訳可能性」によって実現する（大谷，2008b）。つまり，その研究の読者が，論文に書かれていることを，自分の身近な事例と比較したり，あるいは，自分の身近な事例に置き換えて解釈したりすることが可能ならば，それが質的研究における一般性・普遍性なのである。

　したがって，本書の探究が一般性・普遍性を実現しているかどうかは，次のような読者の実感によって評価される。すなわち，読者が研究者であれば，「そういえば，あの転職者の事例にも似たような要素がある」，また，読者がキャリアカウンセラーであれば，「あのときの転職者（クライエント）の発言は，こういうふうにとらえてみれば理解できる」，そして，読者自身が転職者であれば，「あぁ，自分も同じだ」などと思ってもらえるかどうか，そこに本書の質的研究としての存在意義はかかっている。

▶ SCATによる分析例

　SCATに興味を持った読者のために，p.10～11に分析の一例を示す。本例の題材（テクスト）は，ある女性の転職キャリアに関する事例を参考に筆者が再構成したものである[*3]。

　まず本例の分析の手順を示す。本例では，テクストを意味や内容に応じた13行に区切っている。そして，各行ごとに，①注目すべき語句，②言い換え，③テクスト外の概念，④テーマ・構成概念，という順番にコードを付与し，全部のコマを埋めている。その後，各行の④に記入されたコードをすべて用いて「ストーリーライン」を記し，さらに，そのストーリーラインを短文に区切って「理論記述」を記している。「さらに追究すべき点・課題」には，⑤疑問・課題の記述をそのまま転記している。

　このうち初学者にとって難しく感じられるのは，③と④の概念化に関わる部分だろう。ここでの概念化にあたっては，単に分析者の直観や思いつきだけではなく，先行研究に基づく"概念的枠組み"を用いることが必須である。このことはとくに強調しておきたい。

　たとえば，本例では，概念的枠組みとして，日本の企業には伝統的家族制度に由来する疑似「イエ」的な組織原理が継承されているとする渡辺（2015）による経営社会学の知見を用いている。これに至るまでには，次のような経緯があった。

　本例のテクストを読み込み，SCATの①と②の手続きを経る中で，テクスト全体を貫通する要素として筆者が注目したのは，男性は正面玄関・女性は勝手口という区別や，「おい，お茶」と言われれば「はい」といってお茶を持っていく等の男性社員と女性社員の関係性である。それらは現代の企業内の出来

[*3] 本書の内容との直接的関連ということでは，本書で取り上げたA氏またはB氏のインタビューの分析例を載せるのが自然であるが，両氏の匿名性保持に万全を期すため，あえて他の例とした。なお，本例の公開にあたり，この女性の同意は得ている。

事というよりは、日本の伝統的な家庭内の出来事であるかのような印象を筆者は持った。そこで、その印象を客観的・理論的に説明しうる知見として探し出したのが、先述の渡辺（2015）なのである。

　また、本例では、リアリティショック（Schein, 1978/1991 など）、道具的役割・表出的役割（Parsons & Bales, 1956/2001）、葛藤解決戦略における自己志向性・他者志向性（Thomas & Kilmann, 1974；大渕、2005 からの引用）といった概念を部分的に用いている。これらは、順に、キャリア心理学、社会学、社会心理学の著名な概念であり、心理学を学問的背景とする筆者にとってはいずれも馴染み深いものである。

　ただし、SCAT による分析において、本例のように複数の学問領域の概念を用いることが適切であるかどうかについては、研究目的やテクストの内容、分析者の学問的背景などに照らした個別の判断が必要である。基本的には、分析者の学問的背景に合致した領域からの引用が望ましいだろう。しかし、いずれにしても、それらの引用した概念が"ごった煮"にならないように、"テクスト全体を貫通する概念的枠組み"と"テクストを部分的に説明する概念"という主・副を意識して分析することが肝心である。

　なお、本例は、SCAT を紹介するための簡易例であるため、インタビュアー（聞き手）の発言の分析を省略している。しかし、実際のインタビューでは、インタビュアーとインタビュイーの相互的なやりとりが重要な役割を果たすことが多い。たとえば、転職キャリアに関するインタビューを実施するにしても、就職経験自体が無い20歳の大学生がインタビューする場合と、転職経験のある50歳の研究者がインタビューする場合では、インタビュイーの語る内容が大きく異なってくるだろう。インタビュアーとインタビュイーのそのような関係性をも含む深い分析を達成する上では、インタビュアーの発言の分析も行うことが欠かせないといえる。

表1 SCAT (Steps for Coding and Theorization) を使った質的データ分析：ある女性の転職キャリアに関するインタビュー

番号	発話者	テクスト	①テクスト中の注目すべき語句	②テクスト中の語句の言い換え	③左を説明するようなテクスト外の概念	④テーマ・構成概念（前後や全体の文脈を考慮して）	⑤疑問・課題
1	Nさん	その部屋があったフロア、入口が2つあって、1つは自動の、大きいガラスのドアで、もう1つが、7、8メートルぐらいかな、奥にある、小さい勝手口みたいなとこ。私、名前、そのでかい自動ドアからは入ったことがございません。ずっと「女口の先輩」って10歳くらいの人が、女の童が、ちょっと、「ねえ、大きい声で。女の子はあっち」って指をしたんです。その勝手口のほうを。	入口が2つあって、大きいガラスのドア、奥にある、小さい勝手口みたいなとこ、私、名前、その大きい自動ドアからは入ったことがない、「女口の先輩」「女の子はあっち」	表玄関／裏玄関／先輩の命令／女性専用玄関	家／女性による女性役割の伝達	社屋の「家」性、女性社員による男性役割強制の伝達や男性役割の強要による女性成員の伝達的教授	他の企業の社屋にも、このようなジェンダーバイアスが立派されている例があるのか。男性役割の強要による男性成員の伝達的教授もあるのか。
2	聞き手	勝手口のほうを？それ、どういうことですか？					
3	Nさん	そうでしょ。私も意味がわからなくて、「女の子はあっち」ってのと。これって、これ、もしかしてそうかな。男子社員は勝手口から入れっていうことかって。私、その人事入社として1週間くらいだったのでわからなかったんです、全く。あとよく観察してみたんです、その部屋では、女社員はみんな勝手口使ってるんです、出社のときも退社のときも。ずっと。男子はずーっと自動ドア。もちろん、女子もみんな男子同じように自動ドアから出入りしてもいいはずなんですよね。就業規則にはどこにも書いてないですよ。でも、実際はそういうこと。	意味がわからなくて、勝手口から入れっていうこと、女子社員は勝手口から入っているようだった、男子専用玄関と女子専用玄関／就業規則には載っていない／明文化されてない	理解不能／新入社員／女子専用玄関と男子専用玄関／暗黙の了解	疑似イエ／疑似長／家長の継承の女性成員のリアリティショック	疑似イエにおける女性成員の暗黙的継承（男性）と女性成員（新人）のリアリティショック／明文化されていない女性差別	リアリティショック（キャリア理論）とカルチャーショック（異文化適応理論）のどちらが適切な概念なのか。
4	聞き手	えー…。					
5	Nさん	1960年代のアメリカの南部では、バスには黒人席があって、白人とは座席が強制的に分けられていたことがあるけど、それとおんなじじゃないですか？これ、本当に今、日本って何時代なの？、心底思いました。	1960年代アメリカの南部では、バスには黒人席があって、座席が強制的に分けられていた、これ、本当に今、日本って何時代なの？	昔／交通機関における人種差別／差別行為の時代錯誤的価値観／差別の不可視性	イエの外における明示的な差別／差別行為の共通性	差別の「制度的共通性」の例としての他にはどのようなものがあるのか。	
6	聞き手	それっていつ頃のことですか。					
7	Nさん	えーと、今から30何年のことか。男女雇用機会均等法ができて2、3年目かな。	男女雇用機会均等法ができて2、3年目	法律施行以後の状態	法律の無視	法律を無視した規範の継承	当時の男女雇用機会均等法等の内容を確認する。
8	聞き手	あー、男女雇用機会均等法ができてでもそんなふうだったんですか。					
9	Nさん	うーん、まあ、さすがに玄関まで分けてできる会社はあまりない例外的な会社が多いといって。でも、E社はとっても人気な会社だったんですよ。というのは、時代の先端をいってる企業、世間的には、キャリアウーマンがバリバリやっているイメージの会社って働いているイメージだったから。	玄関まで分けてできる会社はあまりない、例外的な会社が多い、E社はとっても人気な会社、時代の先端をいっている企業、キャリアウーマンがバリバリのイメージ	象徴例／女性差別の次激／先端的人気企業／世間的には超人気企業／男女平等イメージの企業	企業内における女性差別の自明性／疑似パトラのキャップ	「パトラのよい男性でないが」といることとほとんど関係はないのではないか。

10

序章　転職と質的研究

番号	発話者	テクスト	①テクスト中の注目すべき語句	②テクスト中の語句の言い換え	③文を説明するようなテクスト外の概念	④テーマ・構成概念（前後や全体の文脈を考慮して）	⑤疑問・課題
10	Nさん	でも、実際後は社長の主な仕事といえば、男子社員から「おい、お茶！」って言われたら、いつでも「はい〜」ってお茶を持っていくことと、あとは……電話、男性の営業がとってきた契約の内容を書類に記載したり……。そういう、当時は、お茶汲みOLって呼ぶんかいました。ああ、お茶汲みOL「みたいな言い方とか"職場の花"って言うじゃないですか、女子はニコニコして男子の潤いでいればいいと。	男子社員から「おい、お茶！」って言われたら、いつでも「はい〜」ってお茶を持っていくことと、あとは……電話、男性の営業がとってきた契約の内容を書類に記載。お茶汲みOL・"職場の花"・女子はニコニコして男子の潤いの。	男性への従属的仕事・家事・前時代的役割／家内、内職的役割・男性の鑑の本音・多様な生き方	イエにおける夫役割と変質／前時代的関係・女性役割の表出的役割／男性役割の固定化	疑似イエにおける夫役割と女性役割の表出的関係の鎖的関係・女性役割の表出的役割の固定化	「疑似夫婦関係」としたのは「仕事が楽」という要求を求めた・娘的という要求も考えられないのではないか。
11	聞き手	みなさん、それで満足してたんですか？					
12	Nさん	う〜ん……どうだろう。女子同士でこんなこと。大学出て大学出てまでやる仕事じゃないとか「うちの会社は男尊女卑だ」とかって言うだけど……うーん、どうなのかなあ。仕事が楽で、お給料ももらえてればいいっていう人もいたし、「仕事が嫌」って辞めた人もいっぱいで、2年で辞めたんです、社内結婚で。	女子同士・大学出までやる仕事じゃない・男尊女卑だ・仕事が楽・お給料もらえる・男尊女卑・申し切り・寿退社・社内結婚・多様な受け止め方	女性の本音／学歴と職務のミスマッチ・男尊女卑意識・寿退社・多様な受け止め方	葛藤解決方略における自己志向性	女性成員による葛藤解決的自己志向性	葛藤解決というよりは、もともと「仕事が楽」「社内結婚」というものを求めて女性成員自体の考えているのではないか。
13	Nさん	そういえば、いつだったか、さっきの"女の子はあっち"って言う先輩もちょうど何年かでに男子社員一斉に先を越されて……、後にお給料を全部越されて、そこまでしていた先輩でも仕事バリバリやってきた先輩でも、後悔しかったでしょうね、私も、「女の子はね」なんて言うことで、不満のはけ口にしていて今は思います。	先輩も随分でいました・何年か後に男子社員一斉に先を越されて・お給料も抜かされて・仕事バリバリやっていた先輩・後悔しかった・だから私も、「女の子はね」なんて言うことで、不満のはけ口にしていた。	役割伝統投資の頓挫・昇進頭越し・キャリア逆転・キャリア屈伸感・不満・鬱の変化	女性成員による他者志向的葛藤解決の失敗／女性役割伝統投資者伝統投資者自身の受傷経験	女性成員による他者志向的葛藤解決の失敗／女性役割の役割伝統投資者・伝統的投資経験	「他者志向的解決の失敗」と「女性役位の世代間連鎖」性を結論づけるにはさらなる裏づけが必要。

ストーリーライン（現時点で言えること）

企業には社長の"家"性があるが、そこでは、女性成員による女性役割の強要的伝達としての疑似イエにおける女性役割の暗黙的継承がなされ、新入女性成員のリアリティショックを引き起こしている。また、法律を重視した現場の継承である、イエの外にある差別の明示的継承との制度的共通性を有している。さらに、疑似イエにおける女性役位の自明性性、疑似イエのリクルートメントの共通性も明示されている。疑似イエにおける疑似的表出的関係性の固定化に対しては、女性成員による自己志向的葛藤解決の失敗は、女性成員による他者志向的葛藤解決の失敗を引き起こす。・女性成員による他者志向的葛藤解決の失敗は、女性役位の世代間連鎖へとつながる。

理論記述

企業には社長の"家"性がある。・女性成員による女性役割の強要的伝達として疑似イエにおける女性役割の暗黙的継承がある。イエの外における差別の明示的継承との制度的共通性を有する。・疑似イエにおける女性役位の自明性。何かが言わかないというよりは、もともと「仕事が楽」「社内結婚」を求めて女性成員は考えていた。・女性成員による葛藤解決の失敗は、女性成員による他者志向的葛藤解決の失敗を引き起こす。

さらに追究すべき点・課題

・他の企業の社長にも、このようなジェンダーバイアス的理念を持つ例があるのか。・男性役割の強要的伝達はどのようなものがあるのか。・リアリティショック（キャリア理論）と、カルチャーショック（異文化適応論）のどちらが適切な概念なのか。・差別の「制度的共通性」の例にはどのようなものがあるのか。・当時の男女雇用機会均等法等の内容を確認する。「トムズの内のいい女性」「女性役位の世代間連鎖」の関係性を結論づけるにはさらなる裏づけが必要。「女性役位の世代間連鎖」の関係性を結論づけるにはさらなる裏づけが必要。

11

Column ❶
働く人の 4, 5 人に 1 人は頻回転職者

　転職も何度目かになると，「職を転々として……」と形容されることがある。その際にはたいてい，未熟，怠惰，信用できない等々の否定的な意味合いが込められている。たとえば，犯罪被疑者に関する報道において「職を転々として……」という表現は，ほとんど常套句になっている。ただ，それは今に始まったことではない。社会学者の見田（2008）は1968年に起きたいわゆる永山事件の犯人について，当時の中卒の若者の一般的な転職率の高さなどの社会的背景を無視して，「職を転々」「転落の足跡」などと犯罪と転職の結びつきを強調したマスコミの報道姿勢に疑問を投げかけている。

　さすがに上記は極端な例だとしても，転職回数が多くなると当事者に対するネガティブな印象が増す傾向にあるのは事実といえそうである。

　たとえば，転職サイトのリクナビNEXT（2017）の調査（対象：企業の採用担当者300人）では，採用担当者に「転職歴は何回目から気になりますか」と聞いているが，その回答は，転職1回目が2％，2回目が8％であるものの，転職歴3回目になると一気に40％に増える。また，転職サイトのDODA（2014）の調査（対象：25歳〜39歳のビジネスパーソン）では，2007年度以降〜2013年度までの転職回数による転職成功率（転職ができた比率）の推移を報告しており，それによると転職1回目53.5％〜58.3％，2回目24.3％〜29.4％，3回目10.9％〜12.7％，4回目4.5％〜10.0％であった。ここでも3回目以降になると，成功率が1割ほどに減ってしまう現状が報告されている。これらの調査結果からは，「採用時点までに転職歴が3回あるかどうか」がいわばカットオフポイントになり，単なる印象論を超えて，キャリア形成上の具体的な不利を引き起こしがちな実態が見えてくる。本書では，このカットオフポイントである転職歴3回以上を「頻回転職」と呼ぶことにした。

　なお，この定義による頻回転職者は，全国就業パネル調査（リクルートワークス研究所，2018）によると，雇用者（働いている人）の33.0％（退職回数3回12.0％，4回6.6％，5回5.7％，6〜10回6.9％，11回以上1.8％）である。また，一企業キャリアを達成しやすいと考えられる男性の正規雇用者の中の21.0％（退職回数3回9.0％，4回4.5％，5回3.3％，6回3.5％，11回以上0.7％）である。つまり，有り体に言うと，街を歩く会社員とおぼしき男性の4，5人に1人は，現在4社目の職場で働いている頻回転職者という勘定になる。それらの人たちの大多数が，未熟，怠惰，信用できない人たちだと決めつけるとしたら，それはずいぶん不合理なことではないだろうか。

第 1 章

転職研究における転職「観」の変遷
―"逸脱"から心理・社会・文化的文脈に基づく多様な解釈へ―

　序章で触れたように，わが国の転職研究は転職に対して「冷淡な傾向」を内在させてきた。それはわが国だけの傾向なのだろうか。本章では，転職研究において支配的なアメリカの研究を中心に，転職をどのように位置づけてきたのかという，転職「観」に注目して整理し，今後のわが国の転職研究に必要な方向性を探る。

1.1　転職の定義

　「転職」は，辞書（『大辞泉』1998，p.1850）では「他の職に変わること」と定義されているが，研究においてはさまざまな定義が存在する。なぜなら，山本（2008, p.53）も指摘するように，転職は，学際的な概念であり，経済学や社会学では労働者の移動として「マクロな社会レベル」で，心理学では個人や組織の特性（価値観，職務満足，組織コミットメントなど）として「個人レベル」で，というように異なる観点から検討されてきたからである。本書では，このうち「個人レベル」の研究を取り上げる。

1.1.1　わが国の研究における定義

　わが国の上記のような「個人レベル」の研究では，武田（1984, p.39）[*4]など を除いては転職の定義を明示していないものが多い。それは，わが国で転職と いえば，勤務先を変える「転社」を指す場合が多く（山本，2008, p.51），その 慣用上の語義が再定義されないまま研究上も使われてきたためであると考えら れる。言い換えれば，わが国の転職の研究は，実質は「転社」の研究であった 側面が強いといえよう。

1.1.2　海外の研究における定義

　それに対して，海外の「個人レベル」の研究では，転職に該当する複数の用 語が使われ，定義も少しずつ異なる。その主なものを表1-1に示した。この中 で比較的早期に提唱されたPrice（1977, p.4）は組織間の移動のみを問うもの であるが，Lee & Mitchell（1991, p.101）はその際に本人の意思決定があるこ とを定義に含めている。他の定義は，共通して前職からの職務の移動を問うて いるが，その中でも，とくに前職との職務内容の変更を問うもの（Lawrence, 1980, p.49；Rhodes & Doering, 1983, p.631）もあれば，組織間移動も職務内容 の変更も含めているもの（Robinson & Miner, 1996, p.79），本人の自発的な転 職意思の存在を含めているもの（Vaitenas & Wiener, 1977, p.293；Kanchier & Unruh, 1989, p.312；Grzeda, 1999, p.306），職務変更に要する期間に個人が 経験するプロセス全般を問うもの（Louis, 1980, p.202）と少しずつ意味合いを 異にしている。

　つまり，これらの海外の研究の定義に共通するのは，個人の職に関わる何ら

[*4] 武田（1984）による転職の定義は次のとおりである。「職業（occupation）の具体的な内容 である，①仕事の種類，②地位（自営業主・家族従業者・雇用者という従業上の地位と， 組織内の階層構造における経営者・管理監督者・一般従業員という地位ないし職位），お よび③従業場所（勤め先）という三つの要素のうち，一つあるいは二つ以上を替えること（職 業研究所，1979）を，個人の観点でとらえること」。

表1-1 英語圏の研究における転職の定義

提唱者	用語	定義
Price (1977)	turnover	1つのシステムのメンバーシップの境界を横断する個人的移動。
Vaitenas & Wiener (1977)	career change	現在の職業とはタイプ（Hollandの分類による）の異なる職業に向かう予備的行動を伴う意志の表現。
Lawrence (1980)	career change	2番目の職が，最初の職からの標準の進路をとらない職の移動。単に職を変えるだけではなくて，全体的な職の焦点自体が実際に変わること。
Louis (1980)	career transition	個人が役割を変えるか，すでに獲得された役割の方向性を変えるかする期間のことである。
Rhodes & Doering (1983)	career change, job change	career changeは，典型的なキャリアの進路ではない新規の職業へ移動すること。job changeは，類似の職業または標準のキャリアパスへの移動。
Kanchier & Unruh (1989)	occupational change	職業カテゴリーを自発的に変更する行為，および／または，同じ職業に留まりながらも職業的環境を変えること。
Lee & Mitchell (1991)	voluntary employee turnover	（組織を去るプロセスにおいて，ある程度の意思決定が含まれる）関心による現象。
Robinson & Miner (1996)	(career) transitions	従業員の正式な職業の重要な変更をさし，新規の地位の創出，異なる職への移動，異なる組織への移動といったこと。
Grzeda (1999)	career change	（筆者注：キャリアプランニングやキャリアマネジメントの）活動の結果による進取的選択である。その選択は環境的な混乱によって動機づけられ，将来と過去の仕事の食い違いの程度によって現れる。

出典：筆者作成

かの変更という点のみであるといえるが，わが国の転職の定義が一義的に「転社」に限定されていることに比すれば，結果的に転職の多様な側面をとらえることを可能にしていると考えられる。このような理解のもと，以下では，主にアメリカで開発されたキャリアモデルにおける転職について論じることにする。

1.2　線形キャリアモデルにおける転職

　上記のように，多様に定義づけられる転職は，キャリア研究の歴史においてさまざまに位置づけられてきた。すなわち，1950年代に複雑な心理社会現象としてのキャリア研究が開始され（渡辺，2007, p.9），その後の社会動向に応じてキャリアという概念の内容自体が変化した（Inkson, 2007, p.7）のに伴い，転職の解釈も変化したのである。

1.2.1　線形キャリアモデルの誕生と普及

　ラテン語に由来するキャリアという言葉が，アメリカにおいて職業と関連づけられて用いられるようになった（*The Oxford English Dictionary* 1989, p.895）のは19世紀のことである。急速な工業化が進展していた当時のアメリカでは，多くの人が，それ以前のように農業などの家業を親から継ぐことを止め，都市部での近代的な組織労働に従事するようになっていた（Savickas, 2000, p.54）。そして，組織内には多くの職や部署が形成され，階層化・大規模化していった。Savickas（2000, p.54）によると，そのような大規模化した組織は「予め設定された組織内の梯子を上っていく」ものとしての「キャリア」という概念を出現させた。
　このような，強固に階層化された官僚制組織の中を，「トーナメント」（Rosenbaum, 1979）で，上位に移動していく経路を描くキャリアモデルは，今日では線形（linear）キャリアモデルと呼ばれており，そこでの個人のキャ

リアの成功（career success）は，昇級・給与や社会的地位の向上といった外的基準で評価される（Buzzanell & Goldzwig, 1991；Baruch, 2004）。この線形キャリアモデルは，20世紀になると広く一般に受け入れられ，かつ，研究においても自明視されることになった（Buzzanell & Goldzwig, 1991, p.496）。

1.2.2　線形前期キャリアモデルの転職観
──職業ガイダンス運動から職業選択理論・成人の発達理論まで

　線形キャリアモデルがキャリア研究の前提として大半を占めていたのは，1980年代初頭までのことであるが，ここではそれらを線形前期キャリアモデルと呼ぶことにする。Vaitenas & Wiener（1977, p.291）によると，転職に関する当時の主な理論には，「職業選択理論」と「成人の発達理論」の2種がある。

（1）職業選択理論

　職業選択理論は，1909年に職業ガイダンス運動の祖 Parsons（1909, p.5）が示した3つの職業選択要因（①自分自身，適性，能力，興味，意欲，資源，限界，およびそれらの根拠の明確な理解，②求人や採用条件，メリット・デメリット，報酬，他の職の見通しに関する知識，③これら2つの現実に関する正しい推論）を発展させた，人と職業のマッチングを重視する理論であり（Phillips & Jome, 2005, p.128），そこでは転職は，人と職業のミスマッチの結果とされる（Vaitenas & Wiener, 1977, p.292）。とくに，静態的な組織を前提とする線形キャリアモデルでは，入職時点でのポジションが，将来のポジション決定に大きく影響する（Savickas, 2000, p.55）ため，青年期の初職選択が重視される。たとえば Ginzberg（1952, p.493）は，幼児期に形成される職業への興味が，現実的な認識によって徐々に修正され，青年期の職業選択に至るとしているが，ここでは発達を原則的に不可逆なものととらえており，一度決めた職業を変更することは，失敗の感覚を引き起こしたり，自尊心への脅威をもたらしたりするとした。また，Super & Bohn（1970/1973, p.191）は，青年期の男性を対象にした長期縦断的研究の結果，転職には，「安定」と「もがき」の2種

があり，前者は，試行期間を経て最終的に定職に就くこと，後者は，「行きあたりばったりの行動」であるとした[*5]。さらに，よく知られる Holland（1973）の職業興味の六角形モデルもこの延長上に位置づけることができる。

(2) 成人の発達理論

一方，成人の発達理論は，40歳から始まる「個性化」の概念を示した Jung と，8段階の漸成的発達理論を提唱した Erikson に影響された理論である（Levinson, 1978/1992）。とくに，1970年代に急増した「中年期の危機（midlife crisis）」の研究（Lawrence, 1980, p.35）では，転職は，中年期になって新たに生じる情緒的な動機によって生じるとされた（Vaitenas & Wiener, 1977, p.292）。たとえば，17歳から始まる成人の発達段階を示した Levinson（1978/1992, p.118）は，40歳から45歳を成人前期と中年期をつなぐ「人生半ばの過渡期」とし，「自分の生活のほとんどあらゆる面に疑問を抱き，もうこれまでのようにやってはいけないと感じる」ほどの内面的危機が大多数の人に訪れ，それが転職の1つの要因となることを指摘した。また，Vaillant（1977）は，Erikson が示した成人期の発達課題である「親密性」の獲得後に，「キャリアの整理統合（career consolidation）」がなされるとしたが，パーソナリティ発達上の問題があると，組織へのコミットメントを達成できずに転職に至るとした。

1.2.3　線形後期キャリアモデルの転職観
──Schein の組織の三次元モデルと Driver のキャリア・コンセプト・モデル

しかし，1970年代末になると[*6]，組織と個人の双方のニーズの調和が組織

[*5] 本章では，Vaitenas & Wiener（1977）に従い，Ginzberg および Super の理論を「職業選択理論」として分類したが，Zunker（1990）にみられるように，この両理論を「発達理論」として分類する立場もある。

の新たな課題となり（Schein, 1978/1991；Baruch, 2004），それに応えるモデルが提唱されるようになった。

(1) Schein の組織の三次元モデル

当時の代表的なキャリアモデルが，Schein（1978/1991）による「組織の三次元モデル」である。これは，組織におけるキャリアの成長の段階を，①一般職→管理職→経営層といった，階層を上昇する垂直的移動（階層次元），②技術→営業といった異なる職能を経験する水平的移動（職能次元），③メンバーとしての信頼や責任が増し，組織の中核への求心的移動（メンバーシップ次元），という三次元で説明するものであり，三角錐のイメージで示される。このキャリアモデルは，単一の組織での上昇移動という従来の枠組みを踏襲しながらも，働く人のキャリア発達の視点を導入し，いくつかの職や役割を経ながら，組織内を螺旋状に移動するという観点を示し，それ以前の単純な線形キャリアモデルを打開するものとなった（Baruch, 2004, p.63）（図1-1）。これは組織にとってのキャリアの扱い方のモデルではあるが，組織内で働く個人にとっては「組織内の転職」の可能性を示唆したモデルでもあるといえる。

(2) Driver のキャリア・コンセプト・モデル

Driver（1980）は，大企業で線形キャリアモデルに基づく昇進を前提にした採用や訓練が一律に行われていることを問題視し，「キャリア・コンセプト・モデル」を提唱した。これは，個人が持つ自分のキャリアに対する認知とモチベーションのあり方を，①キャリアの方向転換を頻繁に行う「乗り換え（transitory）」，②人生早期にキャリア選択をする「定着（steady state）」，③組織内での着実な上昇を重視する「線形（linear）」，④5～10年周期でキャリ

---

* 6　Hall（2004, pp.4-5）の回顧によると，当時のアメリカは，カウンターカルチャーの浸透，ベビーブーム世代の就職の開始などを背景に，働く人が自由を求める機運がとくに高まっていたことに加え，1979年の石油危機と，それに続く企業のダウンサイジングやリストラなどの社会的風潮もあった。

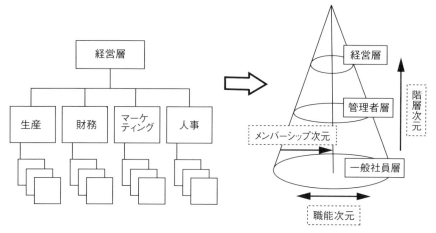

図 1-1　キャリアモデルの変化
出典：Baruch（2004, p.64）および Schien（1978/1991, p.41）を訳出・改変

アの方向転換をする「螺旋（spiral）」の4種に分類したものであり，その結果，従業員個々に合った組織開発を実施することにより，従業員と組織双方の満足が実現するとした。これは，従業員の中に，組織での上昇を望む以外にも多様なモデルがありえること，とくにその中に①や④のような，いわば「転職志向」の人々がいることを指摘したモデルであるといえる。

(3) 線形キャリアモデルにおける転職の位置づけの特徴

以上に述べた線形キャリアモデルにおける転職の位置づけには次の2点の特徴があるといえる。第一に，1980年初頭までの線形前期キャリアモデルでは，転職は，発達課題の未解決，職業選択の失敗，中年期の危機的心理などの個人の心理的不適応として同定されていた。つまり，転職は，「逸脱」として位置づけられていたといえる。第二に，しかし，線形後期キャリアモデルでは，組織開発という課題と呼応しながら，「組織内の転職」や，「転職志向」の人々の存在への注目がなされた。つまり，転職（および，その志向）は，「組織内で

有益に活かすべきもの」として位置づけられるようになったのである。これらは，次に述べる非線形キャリアモデルへの過渡的モデルとして位置づけることができるであろう。

1.3 非線形キャリアモデルにおける転職

1980年初頭を境に，企業保護の度合いの少ない市場経済政策が導入され始めると，企業は防衛策としてコスト削減のため，人員削減や生産拠点の海外移転などを推進するようになり（Inkson, 2007, pp.7-8），働く人々を企業に結びつけていた「ゆりかごから墓場までの職の安定（cradle-to-grave job security）」は保証されなくなってきた（Mirvis & Hall, 1996, p.237）。一方，キャリアの研究においては，さまざまな環境で働く人々に一律に線形キャリアモデルをあてはめて解釈することの妥当性に対する疑問が提起されるようになった（たとえば，Barley, 1989）。

1.3.1 非線形キャリアモデルの特徴

そこで，1990年代に登場したのが，非線形（non-linear）キャリア（Buzzanell & Goldzwig, 1991），ニューキャリア（Arnold & Jackson, 1997），多方向（multidirectional）キャリア（Baruch, 2004）などと呼ばれる新しいキャリアモデルである。組織構造の変化を背景とする，この非線形キャリアモデルの最も顕著な特徴は，第一に，キャリアの選択機会が青年期の1回のみではなく，多様な年齢層で繰り返し訪れることを前提にしていること，第二に，組織によって提供される地位や職の保証というよりは，個人の内面的満足に基づくキャリア形成が強調されていることである。以下では，この非線形キャリアモデルの代表であり，近年とくに注目されているバウンダリーレスキャリア（Arthur, 1994；Arthur & Rousseau, 1996）と，プロティアンキャリア（Hall, 1976）に

ついて取り上げる。

1.3.2　バウンダリーレスキャリアの転職観

　バウンダリーレスキャリアは，Arthur（1994）および Arthur & Rousseau（1996）によって示された，単一組織でのキャリア形成を前提とする bounded なオーガニゼーショナルキャリア（organizational career）の対立概念である。Arthur & Rousseau（1996）によると，これはある特定のキャリアのあり方を指す概念ではなく，伝統的な雇用の前提を打開するようなさまざまなキャリアの態様を包含するもので，異なる組織間を横切る（すなわち，転職する）動き以外にも，自分や家族の事情により伝統的なキャリアの機会（昇進など）を拒否するといったこともバウンダリーレスキャリアに該当する。また，Defillippi & Arthur（1994, p.310）は，バウンダリーレスキャリアでは，「Know-why（なぜ働くのか）」「Know-how（どう働くのか）」「Know-whom（誰と働くのか）」で構成される「キャリアコンピテンシー（成果を生む行動特性）」が，組織主体から個人主体に変化するとしている[*7]。

　これらの特徴からは，単一の組織に留まることなく，積極的に転職に臨む人物がイメージされるが，Sullivan & Arthur（2006）は，バウンダリーレスキャリアに関する既存研究が，転職などの「物理的移動性（physical mobility）」のみを取り上げ，「心理的移動性（psychological mobility；たとえば，伝統的キャリアに対するこだわりの無さ）」を無視していることを問題視している。そして，物理的移動性（高・低）と心理的移動性（高・低）から成る4象限モデルの検討から，「キャリアコンピテンシーが高いほど，物理的・心理的移動性を経験しやすい」「男性は物理的移動性，女性は心理的移動性の機会を持ちやすい」[*8]

[*7]　その変化の例として，Defillippi & Arthur（1994, p.320）は，次のようなものをあげている。「① Know-why；私は IBM のエンジニアだ→私はソフトウエアのエンジニアだ」「② Know-how；IBM のやり方でいかに働くか？→いかに革新的・効率的に質を高めて働くか？」「③ Know-whom；IBM 社員→職務・業界・実務家のネットワーク」

「個人主義文化では，組織を変更する物理的移動性を示しやすく，集団主義文化では，組織に留まりやすい」などの命題を導き出している。

このようにバウンダリーレスキャリアは，個人主体のキャリアコンピテンシーを用いての物理的・心理的移動性を強調するモデルであり，その具体的現れこそが転職だといえよう。心理的移動性という，いわば「意識面での転職」概念の提示は，転職研究の視野を拡大する画期的なものといえる。

1.3.3 プロティアンキャリアの転職観

プロティアンキャリアは，バウンダリーレスキャリアの提唱に先立つ1976年にHallによって示された[*9]。地位や収入などの客観的価値ではなく，個人的価値に基づく心理的成功（psychological success）を重視した自己主導的

表1-2 プロティアンキャリアと伝統的キャリアの比較（1976年に提出されたもの）

論点	プロティアンキャリア	伝統的キャリア
誰によるのか	人	組織
中核となる価値	自由と成長	前進
移動の程度	高い	より低い
成功の基準	心理的成功	ポジションに応じた収入
主な態度	仕事に満足した専門的なコミットメント	組織へのコミットメント

出典：Hall（2004, p.4）より訳出

---

*8 この理由は，女性は配偶者の意向や家族のケアのために転勤・出張を拒否しがちなこと，また，男性は「家族を養うために働くべきだ」という伝統的役割期待に応えがちなこと，というジェンダーの差で説明されている。

*9 プロティアン概念は，1976年の発表当時は研究者たちの関心を集めることはなかったが（Baruch, 2004, p.65），1990年代以降の社会構造の変化を受けて，改めて注目されることとなった。

(self-directed) なキャリアの概念である。ここでもバウンダリーレスキャリアと同様に，移動性の高さ（すなわち，転職可能性の高さ）が特徴の１つになっている（表1-2）。なお，プロティアンとは，ギリシア神話の変幻自在な神・プロテウスにちなんだ命名である[*10]。

Hall（2004）によると，プロティアンキャリアには，「アダプタビリティ」と「アイデンティティ（または，自己の気づき；self-awareness）」という２種の「キャリアメタコンピテンシー」が必要である。ここでいうアダプタビリティとは，将来的な遂行に必要な質を把握し，それに合致するように自分自身を変化させる能力を指し，また，アイデンティティとは，自己に関するフィードバックを基に正確な自己認識を形成し，自己概念を適切なものに変化させる能力を指す[*11]。

また，近年になり，Hall & Chandler（2005）は，プロティアンキャリアの発展形といえる「心理的成功の天職（calling）モデル」（図1-2）を提唱している。これは，プロティアンキャリアに，「強い目的感覚」の要素を加えたものであり，努力によって，①目標を達成する，②心理的成功が得られる，③報酬や肯定的評価を得る，④それらが結びついて改めて自信が生じる（アイデンティティの変化），⑤より高度な目標を達成する自信が湧く，という肯定的なサイクルを繰り返すことで，「自分の人生の目的だと了解できる仕事」，すなわち「天職（calling）」[*12]の感覚が生じるというものである。そして，その感覚により，

[*10] Hall（2004, p.4）によると，1976年に精神医学者のRobert J. Liftonが「自己プロセスのプロティアンスタイル」を「現代における一種の機能的パターン」として指摘していた。プロティアンキャリアの命名にはそのことも関係していたようである。

[*11] ここでHall（2004）が示しているアイデンティティは，変化（change）の要素を強調するものであり，Erikson（1959/1973）が示した斉一性と連続性を旨とするアイデンティティとは相容れないところがある。Hallのアイデンティティ解釈の詳細は，Hall（2002）を参照されたい。

[*12] Hall & Chandler（2005, p.160）によると，ここでいう「天職（calling）」は，かつてWeber（1920/2010）が指摘したような宗教的な「神の召命」としての天職よりも広義のもので，キャリアの自己探索などを通じて，どのような職業においても自覚できるとしている。

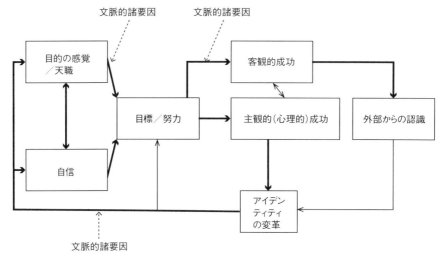

図 1-2　心理的成功の天職モデル
出典：Hall & Chandler（2005, p.165）より訳出・一部改変

人は仕事から得られる深い心理的成功を感じることができるとした[*13]。

　このようにプロティアンキャリアは，アダプタビリティとアイデンティティの継続的な変化を前提とするモデルであり，そのプロセスにおいて，転職を経験することは半ば必然であるといえる。すなわち，バウンダリーレスキャリアと同様に，プロティアンキャリアにおいても，転職は，「主体的に関わるもの」として位置づけられているのである。

[*13] Hall & Chandler（2005）は，天職と似た概念の1つとして，Csikszentmihalyi（1990/1996）の提唱した「フロー（flow）」概念をあげている。また，近年，天職概念を重視する研究が増えており，たとえば，Heslin（2005）の「人が何を求めて働くか？」という理由に注目した論考，Dobrow（2004, 2007）による567人の若手ミュージシャンを対象にした実証研究などがある。

1.3.4 バウンダリーレスキャリアとプロティアンキャリアの結合モデルの転職観

さらに，Briscoe & Hall（2006）は，バウンダリーレスキャリアおよびプロティアンキャリアのいわばハイブリッドなモデルとして表1-3のような組み合わせを検討している。ここでは，バウンダリーレスの2要因（物理的移動性・心理的移動性）とプロティアンの2要因（自己主導キャリアマネジメント・価値駆動）の合計4要因の検討によって8つの類型を導出し，それぞれメタファーを用いて命名した上で，その類型に属する個人とその支援者（組織，キャリアカウンセラーなど）の課題を明確にしている。これに準拠すれば，たとえば，企業に長く勤め，線形キャリアモデルに適応しているように見える人の中にも，内心は転職を希求しながらも，自己主導マネジメント力の低さのために実際の転職を実行できない「夢想家（表1-3の※1）」がいることや，また，積極的に転職に臨んでいるように見える人の中にも，実は自己主導性や価値観が確立していないために企業に定着できない「漂泊者（表1-3の※2）」[*14]がいることが推測でき，それぞれの個別性に応じた検討が可能になる。加えて，このモデルでは，当事者と支援者が意識すべき課題（表1-3の※3）が具体的に示されており，研究のみならずキャリア支援の実践にも有益な観点を提供している。

1.4　非線形キャリアモデルの発展的モデルと頻回転職

さらに近年では，バウンダリーレスキャリアおよびプロティアンキャリア（または，それらに類似のモデル）の発展的モデルが提出されている。それらのモ

---

*14　本書第3章・第4章の内容を先取りすると，そこで分析のための重要な概念として「漂泊」が扱われるが，それは自己や価値自体の中に漂泊的要素を内包しているという意味での「漂泊」であり，ここでいう自己主導や価値駆動の高低に由来する「漂泊」とは性質を異にすると考えられる。

表 1-3 プロティアンとバウンダリーレスの結合：キャリアプロファイルと発展のための課題

プロティアンキャリア		バウンダリーレスキャリア		混成カテゴリー／元型	キャリア主体による現状維持のための個人的課題（challenge）	キャリア主体とサポートグループによるキャリア発達の課題（challenge）※3
自己主導マネジメント	価値駆動	心理的移動性	物理的移動性			
低	低	低	低	「行方不明」「囚われ人」	機会に素早く反応する。生き延びる。	優先順位を明確にする、キャリアマネジメントスキルを獲得する、広がりを持つ。
低	高	低	低	「立てこもり」	予測できる組織の中で、安定した価値観に合う機会を見いだす。	開放性と自己主導性を広げる、さもなくば、この人が固定した状況や組織に完全にフィットしていない限り、人と雇用主は苦しむことになる。
低	低	低	高	「漂泊者」※2	ヒッチハイクする乗り物を絶えず求める。	自己主導性の発達を援助し、達成した後には上手くフィットしているか確認する。
低	高	高	低	「夢想家」※1	価値観や好奇心に合う会社を見つけながらも移動は求めない。	居心地のいい領域を抜け出るための課題を見いだし、勇気を持ち、境界を超えた心構えと働きにおけるアダプタビリティスキルを築くよう援助。
高	低	高	低	「組織人間」	ごく基本的な遂行コンピテンスが発揮できる安定した組織を求める。	パフォーマンス能力に惑わされてはいけない。高パフォーマンスのリーダーとなるための自己への気づき（self-awareness）を深くする。
高	高	高	低	「しっかりした市民」	人と組織のフィットが絶対。移動は脅威。	才能の多様性を維持してやるが、しっかりした市民としての貢献にも援助をする。
高	低	高	高	「用心棒／助っ人」	境界を越えて働くための最善の機会を同定し、それに反応する。	才能ある、反応的な人物から、プライオリティのセンスを有した有益で自己気づきのあるリーダーへの転向。
高	高	高	高	「プロティアンキャリア建築家」	有意味な影響へのテコ入れの手腕。	輝き、学び、携わるための舞台を与える。必要なら和らげる。

出典：Briscoe & Hall（2006, p.11）より訳出

デルでは，いずれも1，2回を上回る転職（すなわち，本書でいう頻回転職）を経ることが前提とされている。その主なものを表1-4に示すとともに，以下で概要を記す。

1.4.1　種々の発展的モデル

(1) ポートフォリオキャリア

提唱者：Handy（1989, 1994）；Cawsey et al.（1995）

　ポートフォリオキャリアは，もともとはHandy（1989, 1994）が，1つの企業に依存することのない，ニューキャリア（本章2.3.1参照）の一種として示したポートフォリオワーク（個人が，顧客ごとに異なる職業スキルを提供し，賃金（wages）ではなくて，代価（charging fees）を得るような働き方）の考え方から派生した概念である。そしてMallon（1999）が深層インタビューによって，そのような働き方をしている人々の実像を報告した。対象となったのは，雇用が安定している英国国営医療機関を退職後にポートフォリオワークに従事している主に40代前半の25人である。その結果，Handyや他のニューキャリアを提唱する研究者たちが示すような積極的な面（たとえば，個人の成長や発展の機会になるといった）とは対照的に，大半のインタビュイーが，企業の外でキャリアを築くことの困難さを語り，「本当のキャリアがほしい」「もう後戻りできない」といった感覚を抱いていることが見いだされた。この結果から，Mallon（1999, p.368）は，既存のニューキャリア研究が示すような，過剰に積極的で規範的な面だけにとらわれない，当事者の仕事の喪失に対する不安などの複雑な側面も検討する必要性を示唆した。

(2) キャリアノマド（遊牧民）

提唱者：Cardin et al.（2000）

　キャリアノマドは，従来のバウンダリーレスキャリア研究の対象であったアングロサクソン諸国に比べ，身分による権力階層がより強固であり，人々が雇用の安定を求める傾向が強いとされるフランスにおけるフランス独自のバウン

ダリーレスキャリア（Arther & Rousseau, 1996）の1タイプとして提唱された。すなわち，Cardin et al.（2000）は，78人を対象としたインタビューの結果，転職の頻度の増加に応じて，定住者（Sedentary；1つの企業でずっと働く）→移住者（Migrants；同一企業内での職務変更）→巡回者（Itinerants；同じ業種内で頻繁に企業を変える）→境界者（Borders；前にいた企業と関係を保ちつつ，従業員になったり個人事業主になったりする）→ノマド（遊牧民；Nomads；前にいた企業とは関係を持たずに，頻繁に転職をする）というメタファーを用いた連続線上の分類を示した。このうち，とくに，「境界者」と「ノマド」では，前に勤務していた企業との関係性が考慮されているが，それは，雇用主と従業員の間に領主と領民のような関係があり，一度辞めた企業に再び就職することも珍しくないというフランス固有の文化的文脈を反映した結果である。

(3) カレイドスコープ（万華鏡）キャリア
提唱者：Mainiero & Sullivan（2006）；Sullivan et al.（2009）

　カレイドスコープキャリアは，ウェブ調査，フォーカスグループ，深層インタビューを組み合わせた大規模な調査結果から導かれたモデルで，企業の価値ではなく，働く人自身の価値や人生の選択に基づくキャリアであると定義されている。そこでは，個人のキャリアの意思決定の媒介変数として，①自分自身に対して正直に向き合う真正性（authenticity），②仕事と家庭生活との調和（balance）へのニーズ，③学びや成長が得られる刺激的な仕事への挑戦（challenge）という3つのニーズが想定されている。そして，あたかも万華鏡が鏡の回転する都度，多様な模様を作り出していくように，個人はその時々の状況に応じてこの3つのニーズの配分を繰り返し意思決定することにより，満足のいくキャリアを築くことができるとしている。このモデルは，とくに女性が，育児や介護のために職業キャリアを中断することで生じる不利をも視野に入れたもので，提唱者たちは，企業がワーク・ライフ・プログラムを策定する際にも，これらの3つのニーズを重視するよう提言をしている。

(4) カメレオンキャリア
提唱者：Ituma & Simpson（2006）

　カメレオンキャリアは，ナイジェリアのIT業界で働く30人を対象にしたインタビュー調査の結果から提唱されたもので，周囲のさまざまな社会・文化的状況に配慮して転職に臨むあり方を，環境に合わせて体色を変化させるカメレオン（ナイジェリアでは神の使いとされる）のメタファーで表現したモデルである。ここでいうさまざまな状況とは，国内に著しい貧富の差があることや，一族の中の有職者が拡大家族（親と，結婚した子どもの家族などが同居する状態）の生計の義務を多大に担うというナイジェリアで支配的な伝統的文化を指している。Ituma & Simpson（2006, pp.61-62）は，ナイジェリアでは，家族の生計維持に配慮した結果としての転職が多いことを明らかにし，「『なるべき自己に向かう乗り物』（Grey, 1994）としてキャリアをとらえる欧米を基準にした考えかたは，非欧米の国々のキャリアの理解には有効ではない」と指摘している。

(5) バタフライプログレス
提唱者：McCabe & Savery（2007）

　バタフライプログレスは，オーストラリアのコンベンション業界で働く126名を対象にした質問紙調査の結果から提唱されたもので，同じ業界内で蝶が花から花へと蜜を求めてひらひらと舞うように転職を重ねながら能力や専門的知識を獲得し，いずれは企業の上層部や経営者になる場合もあるというキャリアのあり方を指す。McCabe & Savery（2007）は，そのようなキャリアの要因として，新興業界であるコンベンション産業では，女性や，情報化時代に生まれ育ち自分の意志で自由に転職ができると考えている新しい世代である「ジェネレーションX」が多く働いていることを指摘している。また，McCabe & Savery（2007）は，コンベンション産業ではそのような「舞う」ようなあり方が，働く人の専門的熟達の維持・発展に役立つものとして，企業の採用においても重視するよう提言をしている。

1.4.2 発展的モデルの研究の特徴

　これらの発展的モデルを提唱した研究の主な特徴は次の5つである．

　第一に，上記のように頻回転職を前提としていることである．これは，1つの企業のみに所属することにこだわらない非線形キャリアモデルの視点が，キャリア研究において浸透してきたことの表れの1つといえるであろう．

　第二に，頻回転職に関係する価値観に注目していることである．たとえば，ポートフォリオキャリアが内包する規範性に隠れた否定的側面，キャリアノマドにおけるフランス独自の雇用主と従業員の関係性，カレイドスコープキャリアにおける働く人自身の価値観，カメレオンキャリアにおけるナイジェリアの家族の役割，バタフライプログレスにおけるジェネレーションXの価値観，といったことへの注目はその例としてあげることができる．

　第三に，それらを適切に表現するメタファーを用いていることである．上記(1)～(5)のすべての研究がメタファーを用いて頻回転職を端的に表象することに成功しているが，Inkson (2007, p.13) が示すように，従来からキャリア研究においては，メタファーを用いたモデル・理論の提唱が活発である．また，El-Swad (2005, p.24) によれば，メタファーの使用は，人々が自身のキャリアをいかに意味づけているかを明らかにしたり，既存の概念では説明できないキャリアの新たな様相を研究者が発見したりする上で非常に効果的である．

　第四に，従来のキャリア研究の主な対象であったアメリカ以外の国や特定の職業を研究対象としていることである．上記では，カレイドスコープキャリア以外はすべてアメリカ以外の国を対象にしており，とくに，キャリアノマドはフランス，カメレオンキャリアはナイジェリアの固有の社会・文化的背景を視野に含めたことで従来指摘されてこなかったキャリアの側面を発見したものとして意義深いといえる．またバタフライプログレスは博覧会業界以外の新興業界でも応用可能な視点を提供したものといえるだろう．

　第五に，質的研究による解明を試みていることである．上記では(5)以外はすべて質的研究による成果である．Myers (2013, p.9) は，質的研究は，研究テーマが新しいために先行研究が十分に存在しない場合の探索的研究に適し

表1-4 非線形キャリアの発展的モデル

名称	提唱者	メタファー	主張の概要	主な研究事例／研究対象	方法	転職に関係する知見
ポートフォリオキャリア	Handy（1989、1994）のアイデアを、Cawsey et al.（1995）が発展させた。	個人は、自分のさまざまな仕事のスキルの部品（piece）を結集したポートフォリオを発達させ、それを異なる顧客（企業）に提供する。	先行きが不透明で短期雇用化している労働市場において、リスク分散が可能なポートフォリオ型キャリアは個人のキャリア形成に有効である。	Mallon（1999）イギリスの国営医療機関（＝線形キャリア型組織）の元マネージャーで、現在ポートフォリオ・ワークに従事している男女25名。	深層インタビュー→ソフトウェア（NUD.IST）でコーディング	Mallonは、Handyの主張に反して、ポートフォリオキャリアへの転職は人に良い結果を与えるとは限らず、収入を含む種々の物質的利益の点でも失うものがある帰属意識や目的意識のみならず、そのような人々が、本物のキャリア（real career）が欲しいと言って、もとの職に戻ることがあることを指摘している。
キャリア・ノマド	Cardin et al.（2000）	バウンダリーレスの程度が高くなるにつれ、①定住者→②移住者→③巡回者→④境界者→⑤遊牧者（ノマド：どの組織にも束縛されることがなく、頻繁にもしくは根本的に仕事を変える）と移行する。	アングロサクソン諸国に比べ、雇用主と被雇用者の結びつきが強く、1社へのロイヤリティが高い。このような特性は、個人のロイヤリティや労働市場との関係を組み換えるような動きを「フランスの文脈」（French context）として理解される。	提唱者に同じフランスの労働市場を代表するような26歳から60歳の78人のフランス人ワーカーを無作為抽出。	半構造化面接と結果の分析	転職は、②移住者（組織内での職種替え）、③巡回者（同職種での転社）、④境界者（雇用主と関係を保ちつつ、休職する）、⑤ノマド、でみられる。ノマドは（i）短期的な職業だけに従事する、（ii）独立自営、（iii）失業等のための自営になるをえない、の3タイプがあり、意図的な選択ではない場合は本人の満足につながらない。

32

第1章　転職研究における転職「観」の変遷

				方法	
カレイドスコープキャリア	Mainiero & Sullivan (2006) Sullivan et al. (2009)	万華鏡の3面の鏡が無限のパターンを作るように、個人は自己の①②③のパラメータを、状況に合わせて回転させながら意思決定を行う。	①個人の内的価値観を調和させるに足る真正性(authenticity)、②就労・非就労のバランス、③チャレンジの3つのパラメーターから、その都度のバランスな意思決定をする。	Sullivan et al. (2009) 多様な組織、職種からの25歳から70歳までの982人	WEB利用調査を用いた量的研究とフォーカスグループ等の質的分析	ベビーブーマー (1946-1964年) とジェネレーションX (1965-1983年) の世代間の違いを、このモデルに沿って検計した。①②③への欲求は前者が後者より強いという仮説が立てられ、①②については概ねそれが検証されたが、③については両者の間に違いがみられなかった。これはプロティアンキャリアの考え方からの単純な帰結を否定する結果となった。
カメレオンキャリア	Ituma & Simpson (2006)	カメレオンが雰囲気や光、温度に合わせて肌色を変えながらも森の環境になじんでいるように、変化する個人の環境と、社会経済的な背景に適応していく。	欧米的な、独立して個人の価値を発見するキャリアというよりは、非欧米的な、ナイジェリア独自の社会・経済の義務など）を重視したキャリアへの注目。	ナイジェリアのITワーカー30名	半構造化面接→グラウンデッドセオリーによる分析	キャリアパターンを4つに分類。①ゆっくり着実、②探検家(自分のスキルや市場価値を重視し、企業への忠誠は少ない)、③注文取り(独立志向が強い)、④無計画。このうち、②と③で転職がみられる。
バタフライクロス	McCabe & Savery (2007)	1つのセクターから他のセクターへ、またはセクター内の他の職務の蜜を吸う蝶がひらひらと舞うように移動しながら、キャリアを進展させていく。	コンベンション産業を含む新興の小規模セクターが多い業界では、ジェネレーションXおよび女性による、転社や職務変更を重ねて発達する新しいキャリアパターンがある。	オーストラリアのコンベンション産業従事者126名	郵送による質問紙法の実施	コンベンション産業の若手の人材が、蝶のような転社をすることは否定的にとらえるべきではない。それは専門的知識やコンピテンシーを磨く新しいありかたである。

出典：筆者作成

ており，人々や企業の，社会的・文化的・制度的な側面を知る際に理想的であるとしている。表1-4で示したモデルは，まだ比較的研究例の少ない頻回転職を扱っていること，既存研究の大半を占めるアメリカ以外の国で研究が実施されている（カレイドスコープキャリアを除く）ことから，まさに質的研究が適しているといえる。

1.5　わが国における頻回転職の研究

ところで，わが国では，バブル経済崩壊後の1990年代半ばから転職の心理・社会的な側面に注目した研究が急増している。その中で頻回転職に注目した研究はいまだに決して多くはないが，研究視点に注目してそれらをあえて区分すれば次の3種になろう。

1.5.1　成功する頻回転職

これは，頻回転職をより満足のいくキャリア（いわば成功する頻回転職）にするための機会ととらえる研究であり，主に3, 40代の正社員を対象にしたものである。主な例には，「転職リピーター」は仕事そのものに価値を抱く内在的報酬志向が高いとした田中（2007），転職後のキャリア発達が次なる転職志向を高めるというフィードバック・ループ性が「多重転職」に関わっているとした山本（2008）などがある。

1.5.2　精神病理の結果としての頻回転職

これは，頻回転職を精神病理の結果としてとらえる研究であり，主に青年期の，いわゆる臨床事例を対象にしたものである。主な例には，社会的ひきこもりと頻回転職の関係を扱った紅谷ら（2002），社会恐怖症と頻回転職の関係を

扱った松田（2010）などがある。

1.5.3　不安定就業としての頻回転職

　これは，頻回転職を社会・経済的に不利な不安定就業としてとらえる研究であり，主に20代の非正社員を対象にしたものである。主な例には，頻回転職のエピソードを含むフリーターへのインタビュー調査により，「"やりたいことをやる"という価値観を中心とした職業意識」を析出した日本労働研究機構（2000, p.84），初職を離職した若者の約半数が「反復求職者」になり，そのプロセスには正社員か否かという雇用形態が強く影響していることを示した李（2007）などがある。

1.5.4　頻回転職に関する研究の課題

　これらのわが国の研究の問題としては次の3点を指摘できる。

　第一に，頻回転職が肯定的に検討されるのは，正社員→正社員と移動する場合に限られており，その他の，たとえば，非正社員→非正社員という移動などは支援すべき対象，いわば弱者として扱われている点である。すでに多くの識者が指摘しているように（たとえば，岩田，2007；湯浅，2008），不安定な雇用環境のために転職をせざるをえず，社会・経済的な不利を被っている人々がいることについては論を俟たない。

　しかし，佐藤（2004）は，パート・アルバイト・派遣などの働き方が，生活の中の自律性を確保するために当事者によって自主的に選択されている可能性を指摘した。また，昨今の多様な働き方の中にあっては，小杉（2010）が見いだし指摘するように，同じ人が非正社員→正社員→非正社員というように正社員－非正社員間で従業上の地位を移動する場合も少なくない。そうであれば，頻回転職者を弱者としてのみ扱うのではなく，正社員－非正社員間を行き来するような頻回転職のあり方をも視野に入れ，そこにある個人の認識の側面にも注目することが必要である。

第二に，とくに青年期の若者の頻回転職については，不適切な職業意識や精神病理といった否定的な見地から検討される傾向がある点である。たとえば，先述したように日本労働研究機構（2000, p.84）はフリーターの若者の特徴として，「"やりたいことをやる"という価値観を中心とした職業意識」を指摘したが，橋口（2006）も指摘するように，一般にそのような意識は不安定就労の若者を増やすとして問題視される傾向にある。しかし，安達（2009）は，そのようなやりたい仕事にこだわる意識が，フリーターの若者世代のみならず年長世代の正社員にも共有されていること，および，そのような意識は個人の内に固定しているものではなく，その時々の個人の社会的立場や求職活動の状況によって変動するものであることを指摘した。また，やまだ（2011）も言うように，現代の生涯発達心理学の知見は，人生はどの時期も重要で，どの時期にも大きな発達可能性があることを明らかにしている。仮に青年期に不適切な職業意識や精神病理があったとしても，それ以後にさまざまな経験を経る中で意味や性質を変えることは十分に考えられる。したがって，青年期の頻回転職を改善すべき問題としてのみとらえるのではなく，それがその後の人生にとってどういう意味を持ったのかを記述し検討することが必要である。

　第三に，第一・第二の問題と関連して，頻回転職を扱った数少ない研究の大半が，臨床例への対応検討のための研究，もしくは不安定就労の支援策示唆のための研究に限られている点である。それに対して，本書1.4で述べたように，海外では，頻回転職に関する，当事者個人の価値観や国・業界に固有な心理・社会・文化的文脈を国や特定の業種に固有な知見の発見と，それを豊富なメタファーで表現することに成功しており，元々はアメリカで提唱された非線形キャリアモデルの補強・修正や発展に貢献している。

　これら3点の問題から導かれる今後の研究の課題は，①正社員→正社員への「成功する転職」，②青年期の不適切な意識や病理，③社会的支援策の策定，といった限定的な視点に拘束されない，現代のわが国独自の心理・社会・文化的な文脈を取り入れた頻回転職の検討である。そのような多元的な観点から検討することによって，今まで見過ごされてきた頻回転職の諸側面の発見が可能になるだろう。

Column ❷
「転職＝悪玉」論は明治時代から

　本書は，転職に対する「冷淡な傾向」を問題視している。しかし，この「転職＝悪玉」論はいったいいつから始まったのだろうか。筆者はまず，「転職」という言葉が現代と同じ"職を替わること"という語義で使われるようになったのはいつ頃なのかを調べてみた。豊富な初出用例で知られる日本国語大辞典（小学館）の「転職」の最古の用例は1907（明治40）年の国木田独歩著『暴風』，また，同義語の「職業替」の最古の用例は1909（明治42）年の夏目漱石著『それから』であった。したがって，「転職」という言葉が使われ始めたのは，明治時代末期とみることが妥当だろう。

　次に，同時期に出版された本の「転職」に関する記述を調べてみた。1906（明治39）年出版の永田岳淵著『新時代之青年』では，「第十一信　転職希望の青年に与うる書」という章がある。そこでは，年長者が若者に対して「嗚呼緊切なる訓練の立場に在る足下，漫りに転職を口にする勿れ，他場は畢竟最後の失敗，最後の零落也」と厳しく転職を諌めている。また，1907（明治40）年出版の波多野烏峰著『成功の順路』には，「第九章 処世難 転職問題」という章がある。そこでは，貧しい境遇から出世した主人公の経験として，かつて転職を考えたが「自分が，今，現職に就て，将来発展の見込みなしとなすは，甚だしき誤謬たることがわかった」と思いとどまったことが成功譚として語られている。つまり，明治末期に「転職」という言葉が登場した頃には，すでに「転職＝悪玉論」はあったようである。

　ただ，時代は少し進むが，それとは違う現実もあったようだ。1928（昭和3）年発行の大阪市立職業紹介所の資料（大阪市社会部，1987）がある。これは，同紹介所を介して就職し，勤続5年に達したことで表彰された53名が自らの略歴を記したもの（おそらく，自由記述式のアンケートのようなもの）である。その53名のほとんどは地方の農村出身で明治末期に小学校か中学校を中退または卒業し，何度かの転職を経て大阪で店員や工員などの職に就いた人たちのようである。その大多数に転職歴があるはずだが，興味深いことに53名分全部合わせて5万字ほどの文書の中に，一度も「転職」という言葉は出てこない。この53名は表彰までされた特別に勤勉な人たちだったと思われる。しかし，それは，当時は5年勤めただけでも表彰されるまでに稀少だったということの裏返しでもあろう。実際，同紹介所の仲介による就職者7,357人のうち，6,164名（83.7％にあたる）が3年未満で辞めたと同書は報告している。昭和初頭の都市部では，転職がいわばデフォルトで，あまりにもありふれていたことだったがゆえに，とりたてて「転職」という言葉を使う必要がなかったのかもしれない。

　日本の高度経済成長期は1955年に始まる。職業紹介所で表彰されていた世代の人たちも中高年となって社会の主軸を支えただろう。そう考えると，その後の日本の経済的繁栄の根底を築いたのは，転職経験者だったといえるのではないだろうか。

第 2 章

転職によって構築されていくアイデンティティ
―頻回転職を経た A 氏（小学校教諭）の語りの分析―

　本章では，第 1 章の検討から必要性が明らかになった「現代のわが国独自の心理・社会・文化的な文脈を取り入れた頻回転職の検討」を踏まえ，頻回転職について，まず心理・社会的（psycho-social）な見地による検討を行う。

2.1　本章の問題と目的

2.1.1　Erikson 理論と職業選択

　心理臨床の実践において，青年と職業の関わりを検討する際に参照される最も代表的な理論の 1 つは，Erikson の漸成的発達理論（以下，Erikson 理論）であろう。すなわち，Erikson（1959/1973）によれば，成人期に先立つ青年期の課題は，それ以前に漸次形成されてきたアイデンティティの諸要素を，社会的役割を獲得することによって統合し，アイデンティティ達成に至ることである[*15]。その社会的役割の獲得において重要な位置を占めるのが職業選択であり，アイデンティティの危機は，職業選択の不可能としてしばしば顕在化する

という。したがって，この理論に準じれば，「……職業選択を躊躇したり，必要以上に延期させたりするような人や，また転転と職業を変えていくような人の場合に，その人の同一性形成過程で何らかのつまずきや障害が職業に集約されて現れていることが多い」（宮下ら，1984, p.155）と病理として解釈されるのは当然である。

2.1.2 古典的な移行モデルの特徴

ところで，久木元（2009, p.206）によれば，Erikson 理論は「古典的な移行モデル」と親和的であり，それは，①一方的で不可逆な性質を持つ，②さまざまな移行のタイミングが集中する傾向がある，③その移行は誰もが経験するという前提がある，という3点の特徴を持つ。すなわち，いったん「大人」になった者が「青年」に戻ることは想定されておらず，学校卒業・就職・離家・結婚といった移行を，概ね10年ほどの間に連続して，おそらく各1回ずつ，誰もが一律に経験するという経路を描くモデルであるといえる。

2.1.3 「学校経由の就職」の後退

ここで注目すべきは，学校卒業の次の段階として就職が位置づけられている

---

* 15　Erikson は著作においてアイデンティティの明確な定義を示していないが，斉一性と連続性の感覚の維持と，それらの他者からの承認を重視していることについては著作内の記述がおおよそ一貫している。これを中島由恵（2011, p.224）は「『わたしとは誰であるか』という一貫した感覚が時間的・空間的になりたち，それが他者や共同体から認められているということ」と要約しているが，本論ではこれをアイデンティティの定義として用いる。また，とくに青年期の発達課題としてのアイデンティティが健康的に築かれている状態を示す際に，わが国の研究では「アイデンティティ達成」「－形成」「－確立」「－獲得」「－発達」など，論者によって異なる表現が使われている。その理由には，中島由恵（2011, p.228）が「ときには訳者の選んだ言葉によってエリクソンがまるで違うことを述べているような印象さえ受ける」と述べていることからもうかがえるように，わが国における Erikson 理論の翻訳の経緯が関係していると思われる。本書では，それらの用語の厳密な区別にはあえて深入りせず，「アイデンティティ達成」を用いる。

ことである。この「教育から仕事への移行」は，わが国では「学校経由の就職」（本田，2005）として定着している。以下，本田（2005）の論考を要約すると次のようになろう。

　すなわち，「学校経由の就職」とは，学校と企業の連携関係の下，学校が紹介斡旋を担うことによって，生徒・学生が卒業と同時に正社員として企業に就職できるというわが国の支配的な雇用慣行であり，明治期後半に端を発し，高度経済成長期の1960年代に定着した。しかし，1990年代以降，バブル経済破綻後の長期不況などを背景に，企業が新規学卒者の採用を削減する傾向が生じたことから，「学校経由の就職」の規模は縮小し，フリーターの増加という社会現象を生み出した。

2.1.4　卒業と就職の分離による「シューカツ」の登場

　また，こと大学生の就職に関しては，近年の「シューカツ（就活）」という言葉の普及に象徴されるように，就職先内定を得るまでのプロセスが特異化しており，社会学者の桜井（2004, p.25）は，これを「『新たな通過儀礼』の出現」と位置づけているほどである。とくに，就職活動をする学生の96.5%がインターネットの就職支援サイトに登録し，また，95.3%の学生がそれを通じて個人で直接的に企業にエントリーする（厚生労働省職業安定局，2014）という現状は，1953年以来の就職協定の1996年における廃止や，指定校制度の衰退などを背景とした，大学の紹介斡旋を経ないオープンエントリー方式の確固たる定着を裏づけている。このように，かつては，学校によって就職の道筋が一定程度保証され，「職業選択（就職内定）」「卒業」「就職」が不可分であったのに対し，今日ではその連結が分離しつつあり，代わりに学生個人の多様な意思や行動に委ねられる部分が増大しているのである。

2.1.5　「古典的な移行モデル」の再検討の必要性

　このような「学校経由の就職」の揺らぎは，Erikson理論が近似する「古典

的な移行モデル」が描く「教育から仕事への移行」の一律な姿に修正を迫るものである。たとえば，新規学卒就職者の3年以内の離職者は，2014年3月卒業者で，中学卒67.7%，高校卒40.8%，大学卒32.2%に達している（厚生労働省2017年ウェブサイトより）。また，本書の序章でも触れたように，全国就業実態パネル調査（リクルートワークス研究所，2018）によると，働いている人のうち，転職経験者は65.5%である。これらの現状は，学校教育の期間内における一度きりの職業選択の適切性や，就職後に職業観が変化する可能性などを，旧来の「古典的な移行モデル」が捨象していることを示唆している。すなわち，現代にあっては，職業選択は，人生の中で何度か遭遇するプロセスとして再検討する必要があるといえる。

2.1.6　職業選択に関する研究

職業選択に関しては，第1章で触れたParsons（1909）以来，膨大な先行研究が提出されているが，わが国で提出された心理・社会的な側面に注目した研究に限定すると，次のように2つに大別することができる。

第一は，生徒・学生の職業選択を扱うものである。その多くは，高校・大学の在学生を対象とし，卒業後の志望職業があることをもって職業選択とみなしていることから（たとえば，下山，1986；下村，1998；大根田ら，2003；大谷ら，2011），研究においても，在学中に一生の職業を決めるという「学校経由の就職」が前提にされていることがうかがえる。

第二は，現職以外の職業・職場を選択する行動，すなわち転職を扱うものである。たとえば，3, 40歳代の転職について，自己同一性と理想自己との認知的不協和の解消を動機づけ要因とするモデルを示した武田（1984）や，働く女性の転職意思の決定要因として，組織に参入して間もない頃の成員性獲得プロセスである組織社会化のあり方が影響を及ぼすことを指摘した高橋・渡辺（1995）があり，これらの研究では，転職は概して不適応として扱われている。

ただし，比較的少数ながら，卒業生を対象とした研究や，転職の肯定的な側面を見いだした研究もある。たとえば，社会人5年目の時点で学生時代の就職

活動がどのように回想されるかを問い，職業目標の実現が長期にわたることを明らかにした白井（2002），25歳から30歳代の1回の転職経験者は，転職を経験していない人よりも現職の満足感が高いことを示した守島（2001），転職理由によって，転職後の職業生活のwell-beingに高低が生じることを指摘した坂井（2007）などは，職業選択について長期的プロセスを追うことの必要性を示唆している。

2.1.7　本章の目的

上記より，本章では，心理学におけるアイデンティティ達成の典型的モデルであるErikson理論をはじめとする「古典的な移行モデル」を，「学校経由の就職」が揺らぎを生じている現代日本における青年期の職業選択に適応することの可能性と限界を，質的研究アプローチを用いて探索的に明らかにすることを目的とする。

2.2　方　法

2.2.1　質的研究アプローチの採用

上記のように，本章では質的研究アプローチを採用する。

質的研究アプローチをキャリアに関して用いた代表的な例としては，加藤（2004）があり，そこではキャリアを「個人の職業生活にかんする客観的現実ではなく，個人が自分の生涯にわたる職業生活について語ることを通じて作り出した構成物である」（p.2）ととらえ，個人の語りの中にみられるメタファーに注目したインタビュー研究が行われている。そして，語りの類型として，物語に語りの時点から一貫性が付与されている「タイト・ストーリー」，および，経験の意味や行為の動機が語りの場面において探索される「ルース・ストー

リー」の2種類を抽出し，既存のキャリア理論がタイト・ストーリーのみを取り上げてきたことを指摘するなど，質的研究ならではの発見に成功している．

2.2.2　研究参加者

研究参加者（以下，インタビュイー）は，30代後半の男性A氏である．A氏は，本章の目的に照らし，①「学校経由の就職」が揺らぎ始めた1990年代前半に学校教育を終了したこと，②複数回の転職を経験していること，③現在の職業生活に満足していると思われること，という条件を満たすインタビュイーである．筆者とは，インタビュー以前の面識や接点は無い．

2.2.3　データ採取

データの採取は，20XX年に半構造化インタビューによる詳細な（in-depth）聴き取りによって行った．インタビューの総時間は3時間20分であった．インタビューにあたっては，研究主旨を説明し，書面による研究参加の同意を得た．

2.2.4　データ分析

インタビューは録音し，逐語録を作成した後，序章で触れたSCAT（大谷，2008a, 2011）に準じて分析を行った．

2.3　結果と考察

2.3.1　ライフストーリーの分析

高校時代からインタビュー時点までのA氏のライフストーリーの分析結果

は以下のとおりである。予め触れるならば，A氏は，就職活動の悩みを契機に国立大学教育学部を3年で中退，酪農業に就き，その後，営業，コンピュータエンジニア等を経て，現職は小学校教師である。

分析は，A氏の生活拠点ごとに区分し行った。なぜなら，学校や職業の変更に伴い，A氏の生活拠点も大きく移動しているためである。A氏の発言の抜粋は別書体で示し，本文中では〈　〉で括った。A氏の発言のままを記すが，プライバシー保護のため，分析に影響を与えない範囲で若干の修正を加えている。

(1) C県D高校
① 古い自己像の unlearning（捨て去ること）

A氏が入学したC県立D高校は有数の進学校であるが，一方で生徒の自主性を重んじる自由な校風の学校でもあった。A氏は〈高校に入ると急に世界が違って見えた〉と言い，続けて次のように語る。

> みんなほっておいても勉強して好きな大学行く子たちばっかりだったんでしょうね。だから，誰も尻をたたいてくれない，定期試験でどれだけ赤点でも「いいよ」って，先生怒んないですからね，赤点いくら取ってたって，この子たち，勉強して浪人でもなんでもして，自分たちの道へ進むだろうっていうようなかんじだったんでしょうね，親も『D高校に入れたからいいか』って，たぶん，そこでちょっとホッとして，やれやれってかんじだったんじゃないでしょうか。私からしたら「何々しろ」って言われたからやってきたんだけど，高校入ったら急にやることなくなって，何したらいいか誰も言ってくれないし，「これでいいよ」とも言ってくれなかったですからね。

ここでA氏が述べるような心理は，「高校まで教師のいうことを受け身で忠実に守る学習および生活形態に慣れてしまった学生にとって，大学生活の自由

はとまどいや，混乱をもたらす場合もある」（小沢, 1991, p.191）といったように，従来は大学生のアイデンティティ拡散の例として指摘されてきたものである。A 氏の場合は，高校の段階で自由な校風に晒されたため，アイデンティティ拡散を前倒しで経験したと解釈することができる。

また，この状態は A 氏にとっての転機（transition）としても位置づけられよう。人間性心理学者の Bridges（1980/1994, p.133）は，何かの「始まり」として一般に認識されている転機が，実際は何かの「終わり」から始まるとしており，転機における課題とは，新しいことを身につけることではなく，古いものを捨て去ること（unlearning）であると指摘している。この理論に従えば，A 氏の高校時代は，それ以前に教師や親によって与えられた古い自己像を捨て去るプロセスの「始まり」と位置づけることができる。

② ダブルバインドへの応諾としての落語家になる夢の断念と大学進学

高校生のときの A 氏の夢は落語家になることであった。それは，中学生のときに初めて聴きに行った有名落語家の寄席で〈これはすごいぞ〉と圧倒されて以来持ち続けている夢である。高校では，落語研究会を立ちあげ，寄席に頻繁に通い，また実際に有名落語家の弟子に相談を持ちかけるなど，高校生なりに実現に向けて行動もしている。しかし，「厳しい下積みに耐えられるだけの根性があるのか？」と問う両親の反対に遭い，実現の困難さも意識するようになる。そのときの葛藤を次のように語る。

> 「本気でやるのか？」って言われたときに，「僕，やっていいんですか？」って，逆に誰かに聞きたいぐらいの心境というか，「おまえ，落語家だったらいいよ」って，高校の先生か誰かが，言ってくれればいいんですけど，進学校ですから，そんなこと絶対言わないんですよね，後輩のために，落語研究会を立ちあげて，「後輩にいいお土産ができたねー」っていうぐらいは言ってくれましたけど。あのまぁ，そういう背中を強く押してくれるっていうのを待っていたのかもしれませんね。親は絶対反対ですね。高校

> 三年生で決められなかったんですよ。そういうかんじで，そのまんま大学に行って……。

　先に触れたように，高校に入った途端に放任されるようになったにもかかわらず，いざ自由意思で落語家になろうとすると，反対され，軽くあしらわれる。結局，両親も教師も，表面上は「自由に……」と言いつつ，本音ではA氏が大学という通常の「学校経由の就職」ルートに乗り，進学校の生徒に相応の大学へ進学し，さらにはその大学に相応の就職をすることを期待していたのであろう。

　このような状況はダブルバインドと見立てることもできる。ダブルバインドに対する反応には，「表面上の言葉のみに反応するか，裏側のメッセージに反応するか，どちらにも反応しないで引きこもり様の態度をとるか」（長谷川，2005, p.542）の3種があるが，このうちA氏がとったのは，2番目の対処である。すなわち，「『学校経由の就職』ルートに乗れ」という両親や教師の本音のほうに自分を適応させ，ひとまず落語家になる夢を後景に追いやることで，大学受験に向かったのである。しかし，そこにおいても，〈理系なのか，文系なのかっていうのも別にどっちでもよくて〉というアイデンティティ拡散状態は続いた。

③ 心理的離乳の場としての大学学生寮への期待
　それでも，A氏が遠方の国立G大学の受験には前向きになれたのは，併設の学生寮への憧れからである。キャンパス見学に行った際に，学生寮に下宿している学生が歓待してくれたことも動機づけとなった。

> とにかく家は離れたかったし，大学の寮で暮らしてみたかったので，そういう寮を調べまして，電話したり，訪問してみたら，その寮が古風でバンカラな気風のある非常に面白い寮だったので，もうどっちかというとその寮に入ろうという思いもあって，ここの寮で青春を謳歌したいと思いまして，それで，あのー，行ったんですね。

ここでA氏が離家の願望とともに，学生寮という同性同年齢集団への参入希望を語っていることに注目すべきである。これらはBlos（1962/1971）の指摘する自我理想に関係する心理であろう。すなわち，Blos（1962/1971）によれば，青年期における両親からの心理的な分離には，同性の友人との親密な関わりが不可欠であり，そこから得た理想的な友人像を自我理想として取り入れることによって，より安定した自我を形成することができるという。Blos（1962/1971）はこの自我理想の形成を，青年期における重要な発達課題の1つとしている。したがって，A氏の離家願望も学生寮への憧れも，順調な心理発達を示す良好サインであると考えられる。拡散の一方で，健全に伸びゆく側面があることは重要であると思われる。

(2) F県国立G大学

　A氏は，国立G大学教育学部の，教師免許取得を卒業要件としない，いわゆる「ゼロ免コース」に入学した。一般企業への就職に有利な学科への進学を期待していた父親は，「将来の何の足しにもならん」と入学に反対しており，しばらくは仕送りもなかった。しかし，A氏は，期待どおりに，〈メチャクチャ楽しかった〉寮生活を謳歌し，ゼミ活動でも農村部の青年団と交流するなど，一定に活発な大学生として過ごす。

① 役割実験としての学生落語家と，その消極的帰結

　また，落語との関わりも継続し，入学後早々に落語研究会を設立。地元のイベントやメディアへの出演依頼が相次ぐようになるなど，活動は好評を博したが，一方で葛藤も抱えていたと語る。

> 　プロの世界を見れば見るほど，なんていうか，プロの意識で見るようになるんですね。今度は自分がもしかしたらこの世界に入るかもしれないと思いながら見ると，「アハハ，面白い」っていうのとはまたちょっと違う見方で見るんですね。お客さんじゃなくて，あそこにオレは立てるのかなぁと思う目で見ていくと，これ

を本当に生涯の仕事にして，人生をかけて，あのー，おじいさん，おばあさんになってもできますからね，落語って。一生涯ここに賭けていくのかというふうに見ると，踏み出せなかったんですよね。

　ここで語られている学生落語家としての活動は，Eriksonが示した役割実験ととらえることができる。役割実験とは，「アイデンティティを達成するための試行錯誤の活動」であり，「社会の中に自分の居場所がどこにあるかを探すために，試しにさまざまな役割をとってみる活動」（小沢，1991, pp.194-195）である。A氏は，中学時代からの夢であった落語家を仮の役割として行動し，さまざまな場面で現実検討を行った結果，〈踏み出せなかった〉という消極的な気持ちに至っている。この帰結は，実体験に基づくものだけに，高校時代に親の反対に遭い夢から遠のいたときよりも，いっそう将来の見通しを覚束なくさせるものであったのだろう。

② 就職活動を契機とするアパシー
　大学3年生になると就職活動が始まった。企業セミナーなどを積極的に回る同級生の雰囲気に呑まれ，A氏も何度か大学の就職相談室に足を運び，職員に相談するなどしたが，〈就職活動をすればするほど，うつ病になりそうな，何か追い詰められるような〉心境を抱えていたという。

　　どれをやっても面白いんですけどね，でも将来何するのかっていったら，誰か決めてくださいってかんじの心境だったんです。自分では「おまえ，うちに来いよ」ってもしあのときに，どなたかに言われていたら「はい」って言って行ったと思うんです。ところが「おまえ何がやりたいんだ？」っていうふうに質問されると「いやー，ほんと，なんでもいいんです，僕」ってかんじだったんですよね。

今日の大学3年生にとって，その是非はともかく，就職活動が，時に勉学を上回って学生の本業と化していることについては異論がないところであろう。であるならば，落語の活動などには熱心に取り組み，就職活動においてのみ受動的になるA氏の姿は，笠原（2002）が現代青年のアイデンティティの病理として指摘する，副業には活発に取り組むものの，本業のみに選択的に無気力になるというスチューデント・アパシーの病態像に重なる。そのようなアパシーに陥る若者の多くが男性であり，過去には「素直な良い子」時代を持つという点もA氏と通底する。したがって，当時のA氏は，スチューデント・アパシーと明確に断言できないまでも，少なくともそれに準ずるような心境に陥っていたであろうことは十分に推測できる。

(3) 北海道H牧場

さて，就職活動に悩んでいる頃，A氏は寮の先輩から北海道旅行の話を聞き，若者を善意で居候させてくれるHという牧場主のことを知る。ゼミ活動で農村部と交流した経験から農業にいくらか関心があったA氏は，〈北海道にでも逃げようか〉と，大学3年生の夏休みに北海道のH牧場を訪ねる。そして，到着翌日から酪農作業全般を経験し，1か月を過ごす。

① 仕事のリアリティの体感

H牧場でA氏はさまざまなことを体験するが，その1つは，仕事をするというリアリティの体感である。たとえば，速さが要求される牛の糞の除去作業に苦戦した経験については次のように語る。

> 早くできたなと思うと20分とか時間がかかって，でももうすぐそこまで黄色いタオルを巻いたHさんの姿が見えて，それより早くやらなきゃいけないですから，すっごいもう必死になってやりましたね。それはかつてない体験だったんですよね，私にとっては，すごく充実感があったんです。あのー，朝自分が4時に起きれたっていうのもそうだし，そのプロと素人のちがいをま

ざまざと見て,「そんなんじゃダメだ」って言いながらも,そんなに厳しく叱られたわけじゃない,本当に最初にそういうかんじで,あとは温かく見てくれたと思うんですけど,まぁ渋いですよね,そのやり方が。

このような,プロの仕事ぶりを目の当たりにしつつ,〈すっごいもう必死に〉仕事に取り組んだ経験は,大学の就職相談室で〈この会社はこういう所在地で,社員はこういうふうで,社員食堂は充実していますなんていうファイルを見ても見えてこない〉という無力感に陥っていたA氏の働くことのイメージを大きく変えることになった。

どこがいいかって迷うときが一番苦しかったんですよ,そこが苦しかったんで,決めちゃったら早かったんですよ,働きだすと,世界がみるみるうちに景色が変わったんですよね,飛び込んでいくと牛舎があって,そこに来てる牛がいて,それを一生懸命世話してるHさんがいて,朝の仕事があって,時間まで変わって,時計まで変わって見えましたからね,要するに世の中の風景が変わって見えたんですよ。(中略) だから,世の中の見方がガラリと,働いていると変わって,人間関係も変わって,おばちゃんがお茶汲んでくれると,あー,ほんとにありがたいなーと思いますし,みんなでこうやって助け合って,職場を作っていっているとか,あぁいうかんじってすごく楽しいですよね,ひとりひとりが,なんかこう力を合わせてやってるっていうかんじが,そういうのはやっぱり働いてみないとわからない。

ここで〈時計まで変わってみえた〉と表現されている,時間感覚まで変えるような世界観の一変は,Csikszentmihalyi (1990/1996) がフロー体験(さまざまな職業の人が活動中に経験する,流れるような感覚を伴う至高体験や幸福感)の一側面として指摘している心理状態と同様のものであろう。また,H牧

場の仕事で得たリアリティについて，A氏は次のようにも語る．

> （※筆者注：高校も）大学もなんとなく霧だったのが，北海道に行って，ちょっとヒューッと細い糸が，北海道の朝もやの中で，牛舎だけが照らされて明るく光って見えた景色で，行ったらやらなきゃいけない仕事があったわけですよね．目の前の糞を取らないと，Hさんがスコップ持ってやっていっちゃうと，あっ，やらなきゃと思ったんです．そこだけ実感が，体感したというか，あー，働くってこういうことだな，牛を育てていくんだなっていう，牛の面倒みなきゃってかんじですね．

ここでA氏が高校および大学時代に味わっていた感覚が〈霧〉と表現されていることは興味深い．これはキャリアに関する語りにおけるメタファーに注目した加藤（2004, p.164）が指摘したキャリア・ミスト，すなわち「自己の将来キャリアについての不透明感」に通底するメタファーである．このA氏の語りは，職業に関する先行きの不透明感があったところ，それがH牧場滞在によってある程度清明化したと解釈できる．そして，それは同時に，〈行ったらやらなきゃいけない仕事があった〉という語りに表現されているような，実際の仕事の中で自分の存在意義を確認する経験にもなったのである．

② **牛との関わりを通した実存との対峙**

さらに，上記したような仕事のリアリティの体感に，大型動物である牛との交流が果たした役割は大きかったと考えられる．たとえば，1キロほどの公道で，牛30頭を一人で率いた経験について，次のように語る．

> あのー，牛が，どうしても動かない牛がいると，「その牛だけ追ってきてくれ」って言って，Hさんは行っちゃうわけですよ．そうすると，この牛と，「地球上にボクとキミ」って実感ですよね．オマエが動いてくれないと，オレここから動けないし，日が暮れ

るかもしれない，話かける人は誰もいないし，誰も見てる人もいない，「頼むよ」って，「キミ動いて」っていうかんじでしたね。

　このような，〈地球上にボクとキミ〉というほどの，牛との圧倒的な対峙を経験する機会は，現代社会においては稀である。しかし，禅の入門図として知られ，臨床心理学においても参照される「十牛図」において，真の自己の比喩として牛が登場する（横山，2008）ように，牛には人を適切な場所に導いてくれる存在として意味づけされ，描かれてきた歴史的経緯がある。したがって，ここでA氏が向き合ったのは，牛舎に連れていかねばならない一頭の家畜としての牛だけではなく，背後にある命や自然との一体感や，ひいては自分自身の実存であったとも解釈できる。

③ 牧場主Hを通した職業レディネスの高まり
　H牧場での滞在期間も後半になると，仕事以外の時間にHと接触する機会が増え，Hはさまざまな根源的な問いをA氏に投げかけてくるようになった。

　　Hさんにいろいろ「おめえってなにもんだ？」みたいなことから，「急に来て泊ってるけど，おまえって大学生，大学生って何なの？」とかいう，田舎のおじさんが質問してくるようなことをポツリポツリ，夜ごはんいただきながらしゃべってるうちに，「そんな大学生って勉強したって，おまえ，そんなの役に立つのか？」って言われちゃうと，役に立たないですよね，勉強しても。「おまえ，仕事何すんだよ」，Hさんからも聞かれるわけです，そうすると，「いやー，僕，何やったらいいかわからないんです」「おまえ農業しろよ」ってかんじですよね，「みんな農業苦しくって，離れていって，農業やる若いのがいなくなっちゃって大変なんだぞ」みたいなことを言う。

　金井・三後（2004）は，両親や祖父母，年上の知人といったキャリア・モデ

ルの存在が，キャリア・パースペクティブ（どんな生き方をしていくかという長期的な見通し）の形成を促進し，職業選択に対する自己効力や就職意欲を高め，就職不安を低減することを明らかにしている。A氏の場合は，落語家になる夢や，就職に別段有利ではない「ゼロ免コース」への進学に反対した両親ではなく，代わりに，プロの仕事ぶりを見せると同時に，A氏のアイデンティティを問いかけ，また農業に誘う存在でもあったHがキャリア・モデルになったのだろう。すなわち，Hとの出会いによって，「個人の根底にあって，将来の職業選択に影響を与える心理的な構え」である職業レディネス（室山, 2006, p.48）がA氏の中で高まったとみることができる。

④「学校経由の就職」からの離脱と初職の獲得
　そして，約1か月が経ち，H牧場に〈イカレちゃった〉A氏は，Hに1年程度の滞在延期を申し出るが，給料を出せないことを理由に断られ，代りにA氏の出身地であるC県内の比較的規模の大きいI牧場を紹介される。A氏は，夏休みが終わるや否や，I牧場で働き始める。A氏は，当時の心境を次のように語る。

> まぁ，その当時の心境でも，絶対ここでバッチリだーってかんじじゃなかったんですけどね，ちょっと頼りない紐をたぐって，わかんないけど五里霧中ですけど，霧の中にこの毛糸みたいのがあるから，ちょっとたぐっていったら，あ，就職って言葉がなんかこう，近くに来たっていう，あぁ，来たら「あぁ，やることあるよ」っておっしゃっていただいて，「いいよ」って，「あ，いいですか」っていう，「いいのかな，ここ？」っていうかんじでしたけどね，「いいんですか？」ってみんなに聞きたかったですけどね，「こんなふうですけど，いいですか？」って。

　ここでも〈霧〉のメタファーが登場する。H牧場で仕事のリアリティを体得した後にも，A氏は，なお先行きの不透明感を持っていたことがわかる。就

職活動からの脱出を図って〈北海道にでも逃げようか〉と向かったH牧場であるが，そのわずか1か月後にH牧場を去るときには，すでに職を得ていたという経緯に，Hとの出会いによる職業レディネスの高まりの影響をみることができる。

一方，大学については，〈これ以上いて，どっかの会社に就職するのっていうのも，たぶん見えないだろう〉と考えるようになり，両親の反対はあったものの，結果的に3年生の秋に中退した。すなわち，A氏は「学校経由の就職」からは完全に離脱したが，そのことが，かえって初職の獲得という結果を招いたのである。

(4) C県I牧場

I牧場では，乳牛部に配属された。I牧場での経験は，後にA氏が教師になる上での布石になるような要素を多々含むものであった。

① 育牛を通した養護性の発達

I牧場では主に子牛の世話を担当した。たとえば，牛が産気づく都度，〈夜中の2時でも，朝の6時でも，とにかくポケットベルが鳴ったら〉軽トラックに乗って駆けつけ，生まれたばかりの子牛に哺乳瓶で初乳を飲ませ牛舎に引き取ることもA氏の仕事であった。また，成長した子牛はグループで飼育したが，その際の配慮については次のように語る。

> この子だけちょっとかわいそうだな，ショボショボっとなんとなくついていけない子がいるわけですよ，ちょっといじめられがちな，群れでいると一番最後にご飯に行ってるような，それもね，そいつだけ特別に手当してやると，やっぱり生きる力が育たないんですよ，あのー，あとからもらえると思ってね，みんなが食べるとき，首つっこんでいかないんで，ダメなんですよね，首つっこんで，他のやつ蹴散らしてでも，とにかく食べろって思うんですけれど，みんなの首の力のほうが強くて，その飼槽に首つっこ

んで，最後のほうは残念そうな顔しながらウロウロしてるのがいて，「ほんとにもうダメだなぁ」って言いながら，内緒でポケットに入ってるエサをやってベロベロベロベロって，「明日は食べるんだよ」って言って，で，まぁ，そうやって送り出していってましたね。

このような，牛たちの生命誕生の場面に立ち会い，その後も個性を見極めつつ育んでいく仕事を担当することによって，A氏の中には，Eriksonが指摘するところの世代性（generativity），または，「相手（生きとし生けるもの）の健全な発達を促進するために用いられる共感性と技能」（小嶋，2001，p.150）である「ナーチュランス（nurturance）」が築かれていったとみることができる[*16]。

② 自我理想としての同僚Jとの出会い

Jは，同じ乳牛部に配属されていた同年代の男性であり，インタビュー時点に至るまでA氏と親しいつきあいがある。酪農家の家に育ち，一貫して酪農家の夢を語るJと自分を比較して，次のように語る。

> 自分の高校時代とか中学時代をみると，やっぱりそういうのがなかったかなと思うんですよ，あんまりそういうリアルなかんじではない，勉強だけすると，今度の中間テストみたいなことだけが，頭にあるような，あと友達と遊ぶぐらいの，そういうところから来て，「さぁ，高校，大学，あなた何するの？」って言われたとき何もなかった私に比べて，J君は，中学のときから，「僕の先

[*16] このような，子牛の中でも〈ついていけない子〉に対する細やかな目配りは，このインタビューの5年後のインタビュー（第4章）においてA氏が語る発達障害の児童に注ぐ温かい関心と通底する部分である。なお，本章のインタビューでは，A氏は発達障害について何も語っていない。

生は牛だ」って,「牛舎でいっぱいいろんなこと学んだ」って言いながら, 当然のように農業を,「こんなに素晴らしい仕事はない」って言ってやってるわけですよね, で, 自分の農場開くのが夢だって言って, 今まさにそれやってますけれど, あんまりにも正々堂々とした, 自分の人生の, なんていうか, 展開の仕方を, 彼はしていて, 私にはないすっきりとした生き方をしてるのにはうらやましい気持ちがすごくあったんです。

　Jのエピソードはインタビュー中の随所に登場し, いずれも非常に肯定的に語られた。大学生のときは学生寮の交流の中で求めていた自我理想が, I牧場では, より確固とした自我理想としてJ個人に焦点化したということなのだろう。

③ 後の教職選択の潜在的契機としての子どもとの交流
　I牧場には, 牧場主の意向で子どもたちが訪れる機会が多くあった。その子どもたちと交流した経験を次のように語る。

「何時からどこそこ小学校の子どもたちが20人来ますからお願いします」なんて, 私がお願いしてまわって, ルートも決めて, 子どもをずっと参加させて,「牛乳はこうやって絞っているよ」って, あのー, 担任の先生と打ち合わせをしたり, あるいは, そういう実際に「干し草を20分だけ, あげていいよ」とか,「口の中に手入れてごらん」と言って。牛って, 歯がないんですよ, 奥のほうにちょっとだけあるんですけど,「食べられたー」なんて子どもが喜ぶんですけど, ベロがすごく長いですからね「ベロがすごいなー」, 真っ黒な舌ですからね,「長い, 長い」なんて言って, そういうのを写真で撮って, 担任の先生にあげたりすると, むちゃくちゃ喜んでもらえましてね。

これらの活動について，A氏は〈私がHさんに20代の初めのころにしていただいたようなことを，私が子どもに対してしていた〉とも表現しており，北海道の牧場主Hがキャリア・モデルになっていることがうかがえる。また，実習の企画や打ち合わせや，子どもたちへのプレゼンテーションなどは，小学校教師の仕事に一部重なるものと思われる。したがって，北海道のH牧場における経験と，後に小学校教師になることをつなぐ経験として，このI牧場における子どもたちとの触れあいを位置づけることができる。

(5) K県L社，および派遣先企業

　さて，I牧場で育牛を担当していたA氏であるが，職場に新規にパソコンシステムが導入された頃から徐々にパソコン業務を任されるようになる。また，ちょうどその頃，I牧場主に対して，取引先のK県L社の社長から，農作物とパソコンに詳しい若い人材を紹介してほしいという依頼があった。I牧場主は，A氏にL社への移籍を打診する。たまたまK県には交際中の女性が住んでいたこともあり，A氏はL社への移籍を了承し，転職する。

① 「30歳の過渡期」の主体的職業選択に関するタイト・ストーリー

　L社では，農産物の営業を担当，また，交際中の女性ともこの頃に結婚した。しかし，間もなく，L社の社長が大病を患った末に亡くなり，会社の倒産話が持ち上がる。I牧場からは復帰の声もかかった。〈戻ってきてもいいし，どうする，どんなふうでも……って，また「おまえの好きなようにしていいよ」っていう状況〉の中，小学校教師になることを決めたときの心境をこう語る。

> 20代の頃には多分なかった実感で，ほんとに霧だらけだったのが，30歳のそのときの転機っていうときには，だいぶ視野が開けて，あ，やりたいようにできるのが人生なのかもなって思ったんですよね。10年遅れてましたけれど，そういうふうな心境に，そのときはなれたんで，自分で計画をして，そういう人生をじゃあちょっと準備をして，こうなにかこう，形作っていくっていうか，キャ

リアを，作っていくみたいなことを，やってみようかなぁって心境になれたんでしょうね。で，そのときに，いろいろ考えていくうちに，もう落語家はちょっとほとんど可能性のない道だったんですけれど，浮かんできたのが小学校の教師だったんです。

　A氏が，30歳という年齢を，〈20代の頃〉と区分した「転機」として認識していることは興味深い。また，A氏は，30歳で教師になることを決めるまでの歩みを〈長い社会勉強〉，対して，教諭という目標を持ったことについては，〈自分で，何かこう，カードを引いた気がします〉とも語っている。これは中年期の発達課題を提唱したLevinson（1978/1992, p.132）が青年期の生活構造を修正する時期として示した「30歳の過渡期」を裏づける語りであるといえる。

　ここまでに使われた〈霧〉のメタファーによる語りに注目すると，A氏の高校時代から30歳までの歩みは次のように描くことができる。すなわち，A氏は，高校・大学時代を通して将来に対する見通しが効かない深い〈霧〉の中にいた。北海道のH牧場を経てある程度〈霧〉が晴れた感触はつかめたものの，C県I牧場やK県L社に勤務時も薄い〈霧〉を感じている状態が続いた。それが，30歳で小学校教師になることを決めたときには，〈霧〉が晴れているような明確な見通しを持つことができたのである。

　前述したように，加藤（2004）は，このような一貫性が付与されている語りをタイト・ストーリーとして類型化し，Erikson理論およびLevinson（1978/1992）を含む，課題達成の階段を1つずつ上昇するモデルを描く既存の理論に馴染みやすいこと，また，そのようなモデルが社会的にも広く認識枠として共有されていることを指摘している。たしかに，若い頃の混沌が，時間と経験を経て清明化し，小学校教師という具体的目標を持つに至ったというストーリーは，一種のサクセスストーリーとして，それを聴く誰をも納得させる説得力を有しているといえる。

② 教職選択の真の動機に関するルース・ストーリー

　しかしながら，「なぜ小学校教師を選んだのですか？」という教職選択の理

由をインタビュアー（筆者）が改めて問うと，A氏はこう語る。

> 嫁さんとつきあい始めると，いろんなことが話題になるじゃないですか，職場では話したこともなかったようなことを，話し相手になるから，話しますよね，小学校や中学校の頃の思い出だったり，そういうようなことも，新鮮に驚きながら，笑いながら，聞いてくれる相手がいるんで，いろんなことをよくしゃべってたんですよ，じゃないかなと思うんですけれど，でね，その頃に，頭の中が整理されていったときに，小学校の先生のことなんかもたぶん思い浮かんで……。

そして，この直後に〈今から言うと，ちょっと違和感もあるから，違うかもしれないですね，なんででしょうね〉と前言を翻し，5年生に担任だった〈人間的な部分はすごく好きな先生〉について触れ，〈あの先生を目指して教師になったっていうふうに書けそうなんですけどね，そういうふうなかんじは，今はしっくりこないですね〉と語った。それから続けて，①Ⅰ牧場で子どもたちと交流した経験から〈子どもは育てなくてはいけない〉と思っていた，②そういえば，Ⅰ牧場に元教師のスタッフがいた，③ずっと農業に関わっているⅠ牧場の同僚Jを見て，子どもの頃から農業に触れたほうがいいと思ったなどの，主にⅠ牧場での経験に動機づけられた理由を語った。これらは，〈そうだ，そうだ，いろいろ思い出してくるとそういうのがありましたね〉といった言葉をはさんで展開した。

　加藤（2004）は，このような探索的な語りを，ルース・ストーリーとして類型化し，前述したような階段を上昇するモデルの既存の理論ではとらえきれない経験を，他者に理解可能な意味構成にして表現しようとする際の試行錯誤の現れとしている。従来の教師を対象にした研究（たとえば，山﨑，2002, p.87）でも，教職選択理由として，「小・中・高で教わった教師の影響」は定番的に取り上げられており，実際，A氏もいったんはそのように語ろうとしたのである。しかし，A氏は，途中で違和感を持ち，前言を翻し，要は〈牧場で働

いていたから〉という理由を語った。この翻意は，「牧場の仕事」と「教職」
の結びつきが，既存の課題達成モデルには馴染まず，ルース・ストーリーとし
て意味探索しながら語らざるを得なかったため生じたものであると考えられる。
言い換えるならば，このことは，従来自明視されてきた要因以外にも，職業選
択を促す要因があることを示唆している。

③ その後の具体的目標実現プロセス

　さて，30歳で小学校教師になることを決めたA氏は，L社を退職。教員免
許を取得すべく大学の通信課程に入学。同時に，スクーリング等の日程調整に
融通が利く派遣社員（システム・エンジニア）になる。大規模な研究所のコン
ピュータ・セキュリティの担当者に抜擢されるなど，A氏の積極的な仕事ぶ
りは会社から高く評価されたが，それでも教職を目指す気持ちは変わらなかっ
た。そして計画どおり，大学通信課程を修了し，5年間で教員免許を取得，そ
の後，M県内N市の教員採用試験に合格した。

(6) M県N市立小学校
① アイデンティティ達成のタイト・ストーリー

　インタビュー時点で，A氏は，N市の正規の小学校教師になって1年度目
を終了したところであり，現職に就いてみての思いをこう語る。

> 　　自分でやってみて思うんですけど，非常に自分には向いていると
> 　　思うんです。もうまさにこのために，これまではあったんじゃな
> 　　いかと思うぐらい。非常にやりがいがあるし，いろいろ自分の持っ
> 　　ている持ち味みたいなの出てるんじゃないかなって自分でも思い
> 　　ます。子どもはどう思っているかわかりませんけれど。自分では
> 　　非常にやりがいがありますね。

　ここで現職に対する十分な適職感が示されていること，かつ，社会的にも
確立した小学校教師という社会的役割を獲得したことから，現在のA氏は，

Erikson 理論の示すアイデンティティ達成のイメージに非常に近い状態にあるのではないかと推測される。また，〈まさにこのために，これまではあったんじゃないか〉という表現からは，A 氏が過去の歩みを，課題達成モデルに沿ったタイト・ストーリーとして紡いでいることがわかる。

② **教室（子ども）と牧場（牛）を通底する生（せい）のリアリティ**
　A 氏は，インタビュアー（筆者）の「教職と今までの仕事の違いはどういうことですか？」という質問にはこう答える。

> それはやっぱり目と目が合うってことですよ。子どもがこっち見てるってことですね。36 人が一斉にこっちを見て，私の顔を穴のあくほど見てるわけですよ，それはすごいショックでした。コンピュータの世界だとね，画面見て仕事してるんですよ，人間の目ってあまり見なかったんです。(中略) 教室っていうのは，子どもの目ですからね，子どもの目が全部こっち見て，一挙手一投足私のやることを，穴のあくほど見てるんですよ。生きてるなっていうか，久しぶりのかんじしましたね。(中略) 牛も牛舎入るとふっと見ますけどね，採乳の部屋に「入るよ」って言って入っていくと。教室に入るときもそんなかんじ，「おはよう」って入ると「あ，先生」ってかんじですよ。それはコンピュータの世界ではあんまり感じていなかったんで，ここの教育の場っていうのは視線がすごい。

　このように，A 氏の語りは，子どもたちと〈目と目が合う〉ことで〈生きているな〉という生命のリアリティを感知した経験から，牛の視線についての言及に移った。このことから，A 氏の中で，子どもと牛は生命のリアリティを媒介にした，連続性のある存在として感じられていることがうかがわれる。したがって，これは，牛を育んだ経験が，A 氏の養護性を発達させ，教師という職業選択に影響したことを裏づける語りであるといえる。

2.4　総合的考察

　以上の分析結果を総合的に踏まえ，今後，職業選択とアイデンティティ達成の関係を検討する際に重視すべき3つの論点を示す。

2.4.1　職業選択とアイデンティティ達成の異なるプロセス

　第一は，職業選択とアイデンティティ達成の関係についてである。この両者は，従来は不可分の連動するプロセスとして解釈されてきた。すなわち，職業選択ができれば，あたかも自動的にアイデンティティ達成が完成されるかのごとく，また逆に，職業選択ができなければ，アイデンティティに病理があるかのごとくに扱われてきた傾向がある。たしかに，A氏の語りからも，職業選択とアイデンティティ達成の密接な連動は否定できない。

　しかしながら，本章の分析結果からは，職業選択とアイデンティティ達成が，当事者にとって，必ずしも同時的な不可分のプロセスとして認識されているわけではないことが示された。なぜならば，A氏の語りにおいて，教職を選択した理由（すなわち，職業選択の物語）については，その場で探索しながらのルース・ストーリー，対して，現職である小学校教師になるまでの歩み（すなわち，アイデンティティ達成の物語）については，〈霧〉のメタファーを用いた確固としたタイト・ストーリーという，異なる意味構成の枠組みが用いられたからである。このことは，職業選択とアイデンティティ達成が別のプロセスで進行するものである可能性を示している。

2.4.2　職業選択の長期的スパンによる検討の必要性

　第二は，職業選択を，青年期に限定されたイベントとしてとらえる視点の限界についてである。言い換えるなら，青年期にとりあえず職業選択はしていて

も，アイデンティティ達成はなされていないケース，あるいは，職業選択はしていないが，アイデンティティ達成は順調に進んでいるケースもありえるのではないか。

たとえば，前者の例には，青年の早期離職が該当するだろう。在学中に一度きりの職業選択は果たしたものの，就職してから不適応感に悩んだり，あるいは，他の目標を見つけたりすることは十分にありえる。また，青年のみならず，本書でいう一企業キャリアを継続し，一見アイデンティティ達成しているかのような年長の成人の中にも，実はアイデンティティが脆弱な人も案外少なくないのではないか。

後者の例には，まさにA氏が該当するだろう。職業選択とアイデンティティ達成の間には，A氏のように時間差が生じる場合もあるのである。現代においては，「学校経由の就職」を辿らず，転職を経ながら自分により適切なアイデンティティ達成をしていく人も増えつつあると思われる。しかし，そのような生き方は，Erikson理論や「古典的な移行モデル」が描く課題達成の姿に見合わないため，当事者にも，研究者にも見えないままになっているのではないか。したがって，今後は，職業選択を，青年期のイベントとして限定することなく，むしろアイデンティティの発達とともに長期にわたり何度か繰り返す可能性があるプロセスとして，より長期的スパンでとらえることが必要である。

2.4.3 「肯定的就業リアリティ」への注目

第三は，職業選択におけるリアリティの位置づけについてであり，これは上記2点とは異なる観点ではあるが，とくに付記しておく。A氏は，インタビュー中に何度も〈実感〉という言葉を用い，さまざまなリアリティを経験したエピソードを語っている。すなわち，北海道のH牧場で，〈すっごいもう必死に〉仕事をしたことによって，〈時間まで変わって，時計まで変わって見えた〉こと，一頭の牛と〈地球上にボクとキミ〉と思えるほどの対峙をしたこと，C県のI牧場で牛の出産に立ち会い，その後の成長を見守ったこと，そして，現職にあっては，子どもたちの〈生きてるな〉という視線にさらされていること等々。

高校時代に古い自己像を unlearning して以来，濃い〈霧〉に覆われていたようなＡ氏の心境に，これらのリアリティが肯定的な意味でのショックを与え，それが職業レディネス（人の根底にあって，将来の職業選択に影響を与える心理的な構え）の高まりに大きく影響したであろうことは十分に推測できる。

　このような職業レディネスの構築に寄与するリアリティを，仮に「肯定的就業リアリティ（positive working reality）」と呼ぶことにしよう。従来の研究においては，職業レディネスは，主に自己概念や自己効力との関連で論じられてきたが（たとえば，若林，1983；飯島ら，2008），今後は，それに加えて「肯定的就業リアリティ」に注目した検討も必要になろう。また，「肯定的就業リアリティ」は，就職前の期待と，就職後の実際の仕事のギャップから生じるリアリティ・ショック（Schein, 1978/1991, p.105）との関連で検討する必要がある。すなわち，リアリティ・ショックとは，就職後のリアリティが就職前の期待を幻滅させるという，リアリティの有する否定的側面に注目した概念であるといえるが，これを「否定的就業リアリティ」ととらえ，「肯定的就業リアリティ」との異同を精査することによって，職業選択はもとより，職業レディネスおよびキャリア・モデルをも含めたアイデンティティ発達に関わる諸要因についてより深い理解が得られるであろうことが期待される。

　以上の本章の発見を総合的に勘案すると，初職の選択時や就職した当初のアイデンティティの在り様のみに注目するのではなく，むしろ頻回転職を経るプロセスの中で徐々に整備され構築されていくアイデンティティを想定することが妥当であるといえよう。それを当事者がどのように認識し，意味づけているかを探索することが次の研究の課題である。

Column ❸
最近の大学のキャリア教育科目

　本章では，A氏が1990年代初頭に就職相談室に通っていたものの，将来の展望が持てず，北海道に「逃げた」エピソードが語られた。それから約30年を経て，大学のキャリア支援体制は大きく変わっている。最大の変化の1つは，大多数の大学でキャリア教育科目が開講されるようになったことだろう。筆者も現在の所属大学に「キャリアデザイン」の教員として雇われた。授業に来ていただく企業ゲストから「今の学生は羨ましい，こんな授業（表2-1参照）があるなんて。私なんて何も知らないまま社会に出ましたよ」と言われることも多い。

　筆者は，2004年（関係者の間では"キャリア教育元年"と言われる）からキャリア教育に関わっているが，当初は某大学で「キャリアデザイン？　美術系ですか？」と聞かれることもあったほどマイナーな科目だった。それが今や大学の"標準装備"となっている。ただ，新規な領域だけに解決せねばならない課題は多い。それらの課題に興味をお持ちの読者には拙著の安藤（2015, 2017）をぜひご一読いただきたい。

表2-1　名古屋学院大学：1年生対象「キャリアデザイン1a/1b」の授業内容

	1a（春学期開講）	1b（秋学期開講）
1	オリエンテーション・キャリアデザインの基礎	オリエンテーション（キャリアとは何か？）
2	大学生のキャリア形成①（本学で学ぶ：キャリアデザイン講演会）	「働く意味」を考える（やりがいのため？ v.s. お金のため？）
3	大学生のキャリア形成②（過去～現在まで）	「お金の意味」を考える（ライフイベント表を手掛かりに）
4	大学生のキャリア形成③（アイデンティティ発達）	「働き方」を考える①（本学卒業生の働き方）
5	現代人のライフキャリア	「働き方」を考える②（雇用されて働く，起業して働く）
6	自己分析	「働き方」を考える③（正規で働く，非正規で働く）
7	他己分析	「働き方」を考える④（1つの企業で働く，転職して働く）
8	相互理解	卒業生講演会
9	他者理解	「働き方」を考える⑤（男性の働き方，女性の働き方）
10	自己表現	「企業のしくみ」を知る①（業界と職務）
11	ワークキャリアを考える（職業と社会・就職活動）	「企業のしくみ」を知る②（企業組織）
12	ワークキャリアを考える（就職活動・4年生ゲストを迎えて）	「会社員」を考える
13	卒業後のキャリアデザイン	「憧れの働き方」を考える①（憧れの人物の人生を探る）
14	ミニ目標の設定	「憧れの働き方」を考える②（結果のプレゼンテーション）
15	まとめ	まとめ

※全般を通しグループワークやプレゼンテーションの機会が多い
※2018年度の例

第 3 章

頻回転職のキャリアモデル「善財童子キャリア」の構成
── 13 回の転職を経た B 氏（団体職員）の語りの分析 ──

本章では，頻回転職に関して，第 1 章で概観した「心理・社会・文化的な検討の必要性」，および，第 2 章の心理・社会的観点からの検討で見いだした「頻回転職のプロセスの中で徐々に構築されていくアイデンティティ」という知見を踏まえ，さらに文化的な背景も視野に含めた検討を行う。

3.1 本章の目的

本章は，13 回の転職を経たある男性の語りの分析を通して，個々の転職に至る経緯，その際の意思決定のあり方，およびその転職の結果を詳細に検討するとともに，それらの連なりである頻回転職のプロセス全体を貫通する意味と意義を，探索的に明らかにすることを目的とする。

3.2　方　法

3.2.1　研究参加者

　研究参加者（以下，インタビュイー）は，40代半ばの男性 B 氏である。B 氏は，国立大学卒業後，初職の中学校教師を半年で自主退職して以降，13回の転職を経て，現在は大手団体職員として畜産部門を担当するようになり，ちょうど 4 年である。

　研究参加の依頼は，当初，紹介者 P（筆者の知人で，かつ，B 氏の大学時代の知人）を介して行った。その際に P から得た B 氏の情報から，B 氏が本章のインタビュイーとして最適であると考えた理由は次のとおりである。

　第一に，B 氏が，13回も職と雇用主を変更しており，まさしく頻回転職者としての明確な特徴を持っていると考えられたこと。加えて，40代であり，年齢的に青年期以後の経緯も含めた縦断的な視点での聴き取りが可能であること。

　第二に，臨床事例ではないため，非病理的観点から扱うのに適していること。また，一般に学歴が低いほど労働市場で不利になりやすく（太郎丸, 2006, p.33），本人の意思によらない転職の機会も増えると推測される。しかし B 氏は国立大学卒業者であり，学歴の影響が少なく本人の意思による選択の余地が相対的に大きいと考えられるため，主体的な内面的プロセスがより明確になると考えられたこと。このことは，本章が社会・経済的不利などの問題に焦点化した検討を目的としない上で重要である。

　第三に，B 氏が現在の生活に一定程度の満足感を得ていると考えられたこと。そのため，頻回転職を否定的ではない観点で検討する事例として適していると考えられた。

第 3 章　頻回転職のキャリアモデル「善財童子キャリア」の構成

3.2.2　データ採取

データの採取は，20XX 年とその 3 年後の 20XX+3 年の計 2 回，半構造化インタビュー[*17]による詳細な（in-depth）聴き取りによって行った。1 回目は，B 氏の 13 回にわたる転職の経緯に関する語りを中心に聴き，2 回目は，現職における 3 年間の感触と職に関する認識の語りを中心に聴いた。インタビューの総時間は 5 時間 10 分であった。

インタビューにあたっては，研究主旨と研究者の守秘義務に関する説明を行い，書面による研究参加の同意を得た[*18]。

3.2.3　データ分析

前章と同様，インタビューは録音し，逐語録を作成した後，SCAT（大谷，2008a, 2011）に準じて分析を行った。

[*17] インタビューの形式には，①事前に準備した質問項目を決められた順番どおりに聞いていく構造化インタビュー，②事前の質問項目を準備せず，その場の話の流れに応じて自由に聞いていく非構造化インタビュー，③その 2 つの中間的性質を持ち，事前に一定の質問項目は準備しながらも，実際の話の流れに応じて質問の取捨選択や調整をしながら聞く半構造化インタビューがある。

[*18] 本章では，B 氏と筆者との間に，B 氏の学生時代をよく知っている紹介者 P がいた。そこで，B 氏の語りに事実と異なる記憶違いなどがないかどうか，信頼性確認のためのトライアンギュレーション（研究の客観化のための研究視点の「輻輳化」〔大谷，1997〕）として，紹介者 P にも，B 氏の了解を得て，B 氏の学生時代についてインタビューを実施した。その際，P には B 氏のインタビュー録音を聴かせず，逐語録も見せていない。このようにして，P の発言の独立性を確保しながら，必要に応じて B 氏の発言内容と照合した。その結果，両内容には乖離はみられず，B 氏の語りの内容を補正して分析する必要はないことが確認できた。なお，P にも書面による研究参加同意を得た。

3.3 結果と考察

本節では，1回目（20XX年実施）および2回目（200XX+3年実施）の全2回のインタビューの分析結果および考察を示す。分析は，高校から大学進学以降のB氏の語りを時系列に沿って区分して行った。その際，転職の経緯を明確にするため，「学生」への身分の移動も「転職」に含めた。また，B氏の発言の抜粋は別書体で示し，本文中では〈 〉で括った。インタビュアー（筆者）の発言は［ ］で括った。なお，インタビュイーのプライバシー保護を確実にするため，引用するデータには最小限の修正を加えてある。

3.3.1 受験圧力への反発としての志望大学決定

地元の中学を卒業したB氏が入学した県立Q高校は，〈入るのは簡単でしたが，入るともう予備校みたいな，ガンガンの〉進学校を目指していた新設校であり，〈テストの点が悪いと，竹刀とかゲンコツとかビンタがあった〉という管理主義教育を採っていた。受験勉強を優先させるため，部活も2年生の夏に辞めさせられることが原則であったが，B氏は〈成績が下がったら辞める〉という担任との約束のもと，〈意地になって〉野球部を補欠のまま続け，〈3年の夏だけ試合に出させてもらったのが，ちょっといい思い出〉になっている。〈自動販売機すらなかった田舎の学校〉と〈家を往復するしかなかった〉という中で，最終的に当該地方最難関の国立R大学の教育学部に志望を定めたが，その理由についてB氏は次のように語る。

> 偏差値で入れそうだったんで。別に教育に何か理想があってっていうんじゃなくて，R大だったら文句言われないだろうし，どこなら入れるかなぁ，文学部かな，教育学部かな，みたいな。それでも先生からみると「えーっ」ってかんじで，「君にはR大は受

けさせないよ」と言われました。当時のＱ高校は国立大学に何人送ったかを数字としてカウントしたかったんで，浪人するぐらいだったらワンランク落とした国立に受かってくれと。「Ｒ大をイチかバチかで受けて落ちるのは勝手だけど，そうすると学校としては困る」みたいなことをはっきりと言われて，じゃあ僕はなんとしてでも入ってやろうと思って。もう一生のうちで一番勉強しました。

Ｂ氏が高校時代を過ごしたのは1980年代後半であるが，当時の公立高校生を対象にした縦断的研究を行った下山（1983）は，進路の既決・未決の区別よりも，それが十分な模索を経て決定した進路か否かのほうが内的な成熟の上で重要であると結論づけ，受験という外部的圧力による未熟な決定が大学入学後の不適応につながることを示唆している。この指摘を踏まえるなら，学校の管理主義教育の下，偏差値による合格可能性や教師への反発といった外的要因を重視して志望校・学部を決定したＢ氏もまた，大学入学後の不適応を生じがちな可能性を有していたと考えることもできる。

3.3.2 大学4年間を貫くスチューデント・アパシーと留年

Ｂ氏は，第一志望であったＲ大学教育学部に入学した。Ｂ氏の自宅から隣県にあるＲ大学までは片道2時間弱であり，通学も可能な距離であったが，一人暮らしに憧れていたＢ氏は〈県外だし……〉という理由で両親の許可を得て下宿をすることになった。しかし，入学後数か月もすると〈いろいろがんばろうとは思っていたんですけれど，家を出た気楽さとか受験勉強から解放されたかんじ〉から，アルバイトや，頻繁に下宿を訪ねてくる大学の友人たちとの夜更かしに割く時間が多くなり，二日酔いなどのために〈大学には行かないとか，行ってもお昼からとか，夕方に学食へ行くだけとか〉という状態が続いた。そして，4年生になると卒業単位の不足が明らかになり，卒業も危うくなった。一時期は中退も考えたが，〈卒業だけはしろ〉という両親の説得もあり，Ｂ氏

は1年留年することにした。B氏は当時の心境について次のように語る。

> なんとかしなきゃいけないと思いつつも，怠けていた学生生活でした。大学の出席率は悪かったですね。そうかといって，ほかに夢中になれるものがあったかっていうとそれもなくて，ただ怠惰なだけで。バイトとか，何か映画をずっと見てとかいうことがあれば，その中でひとつぐらい将来に役立つようなことがあったのかもしれないけれど，バイトもそう一生懸命ってわけでもなくて。［そういうときに不安はなかったんですか？］あぁ，ありましたね，それで，不安を打ち消すのにまたお酒飲んでみたいな……，ダメですね，ダメ人間でしたね。思うことの半分もできない。いや，半分できればよかったのかもしれないけど，全然できなかったりして……。

これらのエピソードや語りは，B氏の学生生活が全般にスチューデント・アパシーの状態にあったことをうかがわせるものである。アパシーとは，もともと統合失調症やうつ病などに伴う無気力や抑制を意味していたが，ここではそれらとは異なり，本業（学生の場合は学業）からのみ選択的に退却する（つまり，アルバイトやサークル活動など学業以外のことは通常どおりにこなす）神経症性の反応を意味する（笠原，2002）。土川（1999, p.72）によると，スチューデント・アパシーには，①学業には無気力だがキャンパスには立ち寄る「部分的アパシー」，②学業のみならず学生生活全般から撤退し大学に全く姿をみせなくなる「全体的アパシー」の2タイプがある。このうち〈夕方に学食へ行く〉ことはできていたというB氏には，①の「部分的アパシー」のみが体験されたと推測されるが，そうであるとすれば，土川（1999）が示したスチューデント・アパシーの中でも比較的良好な予後を持つ典型例の一種に該当する。また，大学生のアパシー傾向を研究した鉄島（1993）は，学業からの退却には進学動機の曖昧さ・消極さが大きく影響していることを明らかにし，大学入学後に初めて自分の適性に疑問を抱き，学業への意欲を消失していく可能性を指摘した。

B氏の場合も，前節で述べたような入試偏差値等の外的要因重視の志望校決定をしていることが，アパシーの発現に一定程度影響していると推測することができる。

3.3.3 留年時（5年生）における教職選択

　留年し，大学生5年目となったB氏は〈5年もいて両親に申し訳ないとも思って〉授業に復帰。〈アリバイ的に教員免許ぐらいはとっておかないと留年した格好がつかない〉という意識から，中断していた教職科目の履修を再開するが，それはやがて〈まじめに，ほんとにこれ一本で〉教職を目指す気持ちに変わっていく。それには周囲の同級生たちの姿勢に影響を受けた部分が多いと語る。

> 少数派だったけれど，同級生で学校の先生になるんだって一生懸命やっている人たちもいて，実際に4年で卒業して先生になって。彼らのように一生懸命やるのもいいな，すごいなって，そういうのに引きずられたり……。それに，少し反発もあったんです。当時バブルの頃でみんな企業に就職していくことが多くて，教育学部で教育心理とか教育方法とか学んで，今の教育現場の問題はこうだとかゼミで一生懸命やっているのに，なんだ就職口は銀行じゃないか，証券会社じゃないかっていうのがあって，だったらせっかく勉強したんだし，僕は教育現場に行ってやろうと思って。

　教育系大学の学生の職業的社会化過程を研究した今津（1979）によれば，教育学部の学生は，「教育学部に入学したのだから」「教育学部の学生だから」という学部内のメンバーシップによって教職役割を意識し，その役割の受容・吟味が後の職業的自我形成に向かうことが多い。つまり，学部内のカルチャーが教職選択の上で大いに影響しているといえるが，その意味では，B氏が熱心な同級生たちに感化されて教職を選択したというのは，教育学部内においては順当なあり方ともいえよう。ただし，上述したような，高校時代に〈意地になっ

て〉野球部を続けていたことや,〈R大は受けさせないよ〉という担任の言葉に反発して志望校を決めたことも合わせて考えると,当時のB氏には周囲に対する反発を動因として意思決定する傾向があったことがうかがえる。

3.3.4　教職適性をめぐるアイデンティティの問い

そして,B氏は教員採用試験に合格し,〈受かっちゃったけど,ほんとに自分につとまるのかな〉という不安を抱えつつ,公立中学校に国語科教師として着任した。テレビドラマの脚本を教材とした朗読劇をやらせるなど,指導要領にはないB氏独自の授業への取り組みは,B氏としては〈なんか収拾がつかないようなかんじ〉になってしまったが,〈子どもはけっこう面白がってくれ〉,やがて〈先生,先生〉とB氏を慕ってくる生徒も現れ始めた。しかし,B氏の心中には次のような別の思いが生じていたと語る。

> 自分が授業で教えているような内容を,はたして自分が面白いとか役に立つとか,本当に自分が心から思ってやっているのかというと,それもどうかなぁという思いがあって。自分の学生生活があんなにもだらしなかったにもかかわらず,子どもたちには「キチンとしなきゃダメだよ」って言うのも恥ずかしいし。けっきょくテレビドラマに出てくるような型破りな先生に徹することもできず,さりとてまじめに日常をちゃんとやり通せるようなプロになることもできなくて……。

現役教師のライフコースを研究した山﨑（2002, p.328）は,B氏と同世代の教師たちが教職イメージを形成する上で,1980年代に放映されていたテレビドラマ『金八先生』や『熱中時代』で描かれた教師像（B氏が言う「型破りな先生」と考えられる）に大きな影響を受けていることを指摘し,実際に自分の新人時代の実践を「『自分が教師になったらやってみよう』と思いながら見ていたテレビドラマのワンシーンの再現のようだった」とふりかえった教師の例

を報告している。

　また，このような社会人1年目の新人が味わう挫折感は，従来の研究ではリアリティ・ショックなどの幻滅体験として検討されることが多い。しかし，幻滅体験が，新人が組織に参入していく際に経験する組織（上司や先輩）と自分との認識のギャップを問題視する概念（若林，2006）であるのに対し，B氏の語りには，組織参入の辛さやギャップに関するエピソードはみられなかった。それには，他の業種にはない，教職の持つ特殊性も関係していると考えられる。たとえば，小学校教師と他の職種（客室乗務員，看護師，保険営業）における熟達経験を比較した笠井（2007）の研究結果を受けて浜田（2007, pp.10-11）は，教職の特性として「正解が見えない問いを抱きながら自分自身で考えることが初級者段階で強く要求される」という「高度な職能」をあげている。したがって，B氏にとっては，組織参入よりも，自分の「高度な職能」に関する疑念のほうが主要な問いになったとしても，それは不自然なことではない。ただし，〈面白い〉と生徒たちからの一定程度の好評という成果を得たこと以上に，「教えている内容に自分が納得できるかどうか」「自分が型破りな先生かどうか」といった自問自答のほうが上回っていることから，B氏は絶えずアイデンティティを問い続ける傾向を有していると考えることができる。

3.3.5　学生アイデンティティの継続と教職からの撤退

　教職に対するB氏の不適応感は，時間の経過とともに増し，ついに1週間の欠勤をするに至る。辞意を示すB氏に対して，校長や学年主任は慰留の説得をしたが，結果的に，B氏は着任後半年で教職を辞すことになった。

> とにかく自分にはとてもじゃないけどつとまらないと。学校の先生という，聖職と呼ばれるような，そういう人間ではないと思ったのが一番の理由です。一大決心だったんですが，矛盾してるかもしれないけど，担任も持ってなかったので，まぁ自分がやめてもそんなに迷惑がかからないかなって，自分も23歳でまだ若い

し，なんとかなるだろうというところもあって。先生として未
熟っていうか，未熟でしたね，社会人として。

　新入社員の「働くこと」の内面化過程を研究した高澤（2004）は，社会人としてのアイデンティティ形成が，就職後1年以内といった短期で急速に行われるのではなく，2年から3年間をかけて自分の職業生活を相対化することによって行われることを示し，また，その際に「学生時代は過去のものになった」という感覚から，「社会人としての自分」という感覚への移行がみられることを指摘した。しかし，アパシーで貫かれた大学生活を過ごし，アイデンティティの不確かさを抱えていたB氏にとって，「学生時代は過去のものになった」という感覚を持つことは困難であったのだろう。

　また，この語りからは〈なんとかなるだろう〉という，ある種の気楽な感覚もうかがわれる。笠原（1988, p.27）は，入社後間もない若手サラリーマンの欠勤多発について「周りの人がたいへん心配しているのに，ご本人は意外に『ヌケヌケ』している」ことを指摘し，それを本業からの部分的退却という，アパシーを中核とする退却神経症の特徴としている。B氏が神経症といえる状態にあったか否かは判断できないが，少なくとも学生時代からのアパシー傾向が，この時点でも続いていたとみられる。

3.3.6　頻回転職の開始と国語科教師への同一化希求

　B氏はその後，半年ほど地元のコンビニエンスストアでアルバイトをするが【転職1回目】，当時たまたま見かけた青年海外協力隊員募集の広告で日本語教師のことを知り，〈国語科教員の経験をいかせる〉〈なんとなく海外へ行きたい〉という期待から，遠方のS県にある当時数少なかった日本語教師養成学校に入学する【転職2回目】。しかし，間もなく，母親が重い病気に罹っていることが発覚し，〈フラフラしてないで，地元に帰って親を安心させてほしい〉という父の諫言をきっかけに初級コースのみ修了して帰郷。その後，正社員登用制度があると聞いた学習図書会社でアルバイトを始めるものの【転職3回目】，

実際にはそのような制度は運用されていなかった。そこで，地元でチェーン店展開する書店に正社員として就職した【転職4回目】。そこでの勤務に特別な不満はなかったが，〈あんまり自分の好きなように本を置けなくて，本部から売れ筋データを持ってきて，それにしたがって本を並べるしかない，ワクワクするような仕事ではなかった〉。そして2年が過ぎた頃，母親が亡くなり，そのタイミングと前後して店長候補としての研修が始まった。〈店長になりたいかなぁって考えたときに，やっぱり学校の先生にはやりがいがあったなぁ〉という思いが強くなり，B氏は書店を3年で退社し，教員採用試験の受験を目指すことにした。

　ここまでにB氏は4回転職をしており，すでに本書でいう頻回転職者となっている。しかし，その経歴をよくみてみると，転職1回目のコンビニ店員を，いわば場つなぎとして除けば，他の日本語教師，教育図書会社，書店は，すべて教育や国語に関連する業種・職種で一貫していることがわかる。したがって，転職回数は多いものの，職業興味の方向性としては国語科教師と近似したところを目指していたことがわかり，これはB氏の教職志望の強さを示しているようにも思われる。一方で〈なんとなく海外へ行きたい〉という思いも語っているが，海外留学や海外就職を志望する若者の中に，何らかの逃避的な動機を持つ例が珍しくないことは，すでに他の多くの研究（たとえば，出原，2003；中澤ら，2008）で指摘されている。これらを合わせて考えると，国語科教師に同一化し，なんとか職を通して自己の確立を図りたいという思いと，そこから逃避してしまいたいという思いの葛藤があったと推測される。あるいは，国語科教師としての同一化はいったん達成したものの，むしろ新しい経験に対する解放性がないために，頑なにその地位（国語科教師である自分）に留まり続けようとする心理状態，すなわちValde（1996）が提唱した「完了（closure）」の側面も強かったと考えることができる。

3.3.7　教職への再挑戦と再挫折

　書店を退職したB氏は，受験勉強の傍ら〈肉体労働専門の派遣会社〉の登

録スタッフ【転職5回目】として数か月を過ごした。その後，教育委員会が運営する不登校の児童の生活・学習指導を行う適応教室の非常勤スタッフに応募，採用された【転職6回目】。そこで偶然，中学生時代の恩師と再会し，転職の経緯や教職復帰の思いを話したところ，その恩師の口利きもあり，公立中学の3学期のみの産休非常勤講師に採用されることになった【転職7回目】。しかし〈やっぱりこれはとてもやっていられない〉という新人教師時代の実感を再確認し，3学期の任期満了とともに退職するとともに，教員採用試験もあきらめることになった。1か月後，〈学校の先生とか産休非常勤をやってるときに，自分は甘っちょろい人間だな，もっと鍛え直さなきゃなって思いがあって，警備会社だと，研修もあって精神叩き直してくれるっていうイメージもあって……〉という期待から，〈それまで考えもしなかった〉警備会社に警備員として就職する【転職8回目】。教師としての〈やりがい〉を求めて書店を辞め，教員採用試験の勉強や非常勤講師のポストに再挑戦するB氏の姿勢は，Schein（1990/2003, p.20）が「自分に適していない仕事についたとき，自分にもっと適しているなにかに『引き戻されている』というイメージ」から着想したというキャリア・アンカーの存在をうかがわせる面もある。しかし，上述したこれまでのアパシー傾向を考慮すると，少なくともこの時点ではB氏にはキャリア・アンカーといえるようなものは十分に形成されていないとみるのが妥当であろう。また，非常勤講師を辞めてほとんど間をおかずに，教師とは全く関係のない〈精神叩き直してくれる〉というイメージの警備会社に入社したのは，教職への再挑戦に失敗したことへの補償（劣等感を克服して，自らの弱点を補おうとする心の働き：大西，2004, p.1090）としての意味合いを持つものであったとも考えられる。

3.3.8 災害の目撃を契機とする農業への職業興味のシフト

警備会社で，夜勤や時に不審者を撃退するという危険な業務を経験しながら2年が過ぎた頃，地元で大規模な災害が発生した。B氏は会社の休みを利用して被災地ボランティアに1日だけ参加し，そこで被災家屋の片付けなどを手

伝った。そのときの〈こんなに簡単に自分の生活している基盤というのがアッサリ壊れてしまうんだというのを見てショックを受けた〉という感覚がまだ生々しい頃に，脱サラして農業に就いている人たちを紹介している雑誌記事を目にする。〈あっ，そうか，こういう一次産業というか，自分で食べるものを自分で作るっていうのは，災害にあっても強いんじゃないのかな，こういうのを持っていると人間って強い，人間に最低限必要なことじゃないのかな〉と感じたB氏は，未経験者でも農業に転職できる方法を調べ，遠方のT県の農業専門学校が社会人枠を設定していることを知る。そして，B氏は〈キチンとした会社だったし，わりと好きだったんですけど，やっぱりやりがいってことかな，そのときは熱に浮かされたようなかんじ〉で警備会社の上司に農業への転職意向を伝えた。上司はあきれた様子だったが，農業未経験のB氏が農業専門学校に合格するはずがないと思ったらしく，〈「受けるだけ受けてみて，ダメだったら仕事を続ければいい」〉と言ってくれたため，B氏は在職のまま農業専門学校の入試に臨んだ。

　災害などの出来事が，被災者のみならず，救援者にもPTSD（心的外傷後ストレス障害）等のストレス反応を引き起こすことについては多くの研究があるが（大塚・松本, 2007），B氏のような，たった1日の〈手伝い〉程度のボランティアにも同様のことが生じるのか否かについては調べた限りでは報告が無いようである。人間は「生理的欲求→安全の欲求→所属と愛の欲求→承認の欲求→自己実現の欲求」の順で欲求充足を目指すという欲求段階説を提唱したMaslow（1954/1987, p.94）は，災害時などの緊急事態には「安全の欲求」が人間の支配的な動因となり，「その人の現在の世界観や考え方だけでなく彼の将来の考え方についても強い決定因になっている」と述べている。これから推測すると，たった1日の被災地ボランティアとはいえ，B氏にとってそれは，学生時代から続いていたアパシー傾向を変質させるような，インパクトの強い経験となったのではないだろうか。またそれには当時，警備員という身体的リスクの比較的高い業務を日常的に経験していたことも，ある程度関係していたのかもしれない。いずれにせよ，この経験を境に，B氏のキャリアが自給自足を実現できる農業へと，強く方向づけられたのである。

3.3.9 農業キャリアの開始と青年海外協力隊員として得た「助けてもらう力」

B氏は農業学校に合格し，警備会社を辞め，T県の農業学校（修了年限1年）に入学する【転職9回目】。その学校のカリキュラムは実践中心で，早朝から夕方まで農作業に明け暮れた。また，同期生には，修了後の進路として青年海外協力隊を希望している者が複数おり，B氏と同じ農業未経験者もいた。かつて日本語教師として協力隊員になることを希望していた時期もあったB氏は〈受けるだけ受けてみよう〉という気になり，協力隊に応募したところ，研修を受けるという条件付きで合格した。そして，農業学校卒業と同時に協力隊の研修生となった【転職10回目】。その後，沖縄県等で農業技術や語学の研修を数か月受け，ある発展途上国に農業隊員として派遣された。2年の任期のうち1年は日本人が地区で1人だけであり，通じるのは辞書片手の外国語だけの〈とにかくもう恥も外聞もない，自分は本当に知識も経験もなかったんで，誰かに助けてもらわないとやっていけなかった〉という環境で，現地の人の輪に入り〈助けてもらう力をつけながら〉農業技術の助言活動などを行い，任期を満了した。

元青年海外協力隊員を対象にしたインタビュー調査を行った藤掛（2009）によると，海外協力隊への参加動機は「自分探しの旅」や「一時的な現実逃避」というものである場合が多いが，帰国後の感想として「派遣国に自分は『支援』あるいは『協力』しに行ったものの，反対に多くの支援と愛をもらって，結局は教えてもらうばかりだった」と語る元協力隊員が多い（p.43）。B氏の言う〈助けてもらう力〉も，そのような中から獲得できた能力なのであろう。

3.3.10 W市への移住と現職までの道のり

帰国したB氏は，T県の農業学校時代の知人の紹介でT県内の農業法人でアルバイトとして働き始める【転職11回目】。そして農業学校時代に知り合った婚約者と結婚後の生活設計を考えているときに，婚約者の親戚が遠方のU

県W市に所有する空き家を貸してくれることになった。W市は農業がさかんな土地柄で農業関係の求人も見込めたため，B氏は婚約者と結婚し，W市へ転居する。そしてW市のハローワークで紹介された畜産関係施設の臨時職員【転職12回目】を勤めているときに，そこで知り合った人が〈君も若いのにいつまでもこのままじゃまずいだろう〉と大手団体の求人チラシを持ってきてくれた。そして〈年齢制限ギリギリで〉その団体に就職し，畜産関係の部署に配属された【転職13回目】。そこでB氏は畜産関係の資格を取得し，その専門業務の他，農家経営の助言にあたっている。B氏は現職について次のように語る。

> まだまだだと思いますよ，うーん，まぁ，団体職員としては，半人前よりちょっと上ぐらいにはなったと思うんですが，畜産のほうはねぇ……，職人芸みたいなところがありますからね，若いうちからきちっとやっておかないと中途半端っていうか。
> ［今のお仕事の充実感はどうですか？］
> あったり，なかったりですかねぇ。ただ，年に数回，畜産関係の大きなイベントがあって，それは農家さんとか他の関係機関の人と連携して準備するんですけど，そういうときは自分がいないと回っていかない仕事も多少はあって，自分としても緊張してるから，そういうのがひととおり終わると，充実感というか安堵感はありますね。

　B氏は現職に就いてちょうど4年であり，それは今までの職歴で最長のものである。現在のこの語りからは，一定程度の充実感や安堵感を得ている様子がうかがえる。しかし，一般には安定した環境とされる大手団体職員の一員となっても，充実感が〈あったり，なかったり〉という半定着性が，B氏ならではの独自性なのだということができよう。

3.3.11　B氏のライフストーリー

　以上の分析から，B氏のライフストーリーは次のようなものであったと紡ぐことができる。

　B氏は，受験圧力への反発としての志望校決定により進学した国立大学でアパシーに貫かれた学生時代を過ごした。卒業後，留年時に選択した中学校教師の職に就いたが，教職適性をめぐるアイデンティティの問いを生じ，結果的に着任後半年で教職から撤退をすることになった。そこから頻回転職が開始され，その当初は国語科教師へ同一化希求していたものの（例：日本語教師養成学校学生，教育図書会社アルバイト，書店社員），教職への再挑戦と再挫折を経験し（例：適応教室スタッフ，臨時採用教員），その後，災害の目撃を契機とする農業への職業興味のシフトが生じた（例：警備会社社員→農業学校学生）。そして，農業キャリアが開始され，青年海外協力隊員として「助けてもらう力」を獲得した。農業法人アルバイトを経て，W市に移住し，大学卒業後13回目の転職にあたる現職に至り4年が経った。

　では，このような頻回転職を経たB氏は，職に就くことについてどのように認識しているのだろうか。また，頻回転職に伴う大幅な地域移動について，そして，大学卒業後も，教員採用試験への再挑戦，日本語教師養成学校，農業学校，青年海外協力隊研修所での外国語習得，現職での資格取得など，個々の職で「学び」を求めたことについてどのように認識しているのだろうか。以下では，B氏のキャリアを通底しているこれらの要素に対するB氏の認識を分析し，総合的に考察する。

3.4 総合的考察

3.4.1 頻回転職に対する B 氏の認識の分析

(1) 職業観：生活と職の融和による人の本来性回復への希求

　転職は，若者による適職探しの試みとしてしばしば検討される[*19]。では，B 氏も 13 回もの頻回転職を適職探しの試みとして認識し，また，いずれかの職について適職感[*20]を有しているのだろうか。それを明らかにするために，筆者は天職について質問した[*21]。

> ［今までのお仕事の中でこれが天職だと感じたことはありますか］
> ないですねぇ……。もともと人間ってひとつのことだけやっていればすむもんじゃないと思うんです，天職って憧れますけど，本当にそんなのあるのかなって思いますし……。そうだ，百姓ってなんで百姓って言うかご存知ですか。
> ［たしか百種類の仕事をやっている人って意味ですよね］
> はい，それを聞いたときに，ストーンと腑に落ちて，納得したん

[*19] 内閣府（2006, p.20）が，若者の転職希望について「若者の適職探し」と表現していることもその一例であろう。

[*20] 適職感とは，「自己の興味や適性からみて『むいている』と彼らが認知した職業」という感覚を指している（武田・南，1987, p.229）。

[*21] ここで筆者は，「適職感を有する仕事」という意味で「天職」という言葉を用いているが，これは日常用語として広く通用している用法である。たとえば，アイデム・人と仕事研究所（2008）が実施した調査（対象は 20 〜 50 代の正社員男女）によると，「どのような仕事が天職だと思うか」という問いに対して，「自分の才能を活かせる仕事」という回答が 60.3％と他を引き離して最も多く，「非常にやりがいを感じる仕事」（39.1％）「充実感を覚える仕事」（37.1％）が続く。これらは要するに適職感を持つことができる仕事のことを指していると考えられる。

ですよ。なんていうのかな，職業に対する考え方として，ひとつのことをやるだけじゃなくて，生活のことから全部含めて自分の手でやるんだという，そういう考え方のほうがストンとくるんです。
［じゃぁ，収入を伴うような仕事だけじゃなくて，たとえば家族のこととか］
はい，そういうのもひっくるめてっていうふうに解釈してるんですけど。家畜の世話もあれば，田んぼや畑に出たり，農具の手入れとか縄でわらじ編んだり……。人間って本来そういうもんじゃないかなぁという気がするんです。最近，仕事と生活を両立させるべきだとか言いますけど……。
［ワークライフバランスですか］
はい，そうです。そういうふうに仕事と生活が並んじゃまずいんじゃないかな。やっぱり生活が上にあって，それを包むようなかんじで仕事があってというような。

　ここでＢ氏は「天職（適職）」には巡り合っていないと言った。また，続く〈ひとつのことをやるだけじゃなくて〉という表現からは，Ｂ氏が天職といった唯一性を帯びた職を求めていたわけではないことがうかがえる。むしろ，〈生活のことから全部含めて自分の手でやるんだという〉，生活のすべてを自力で為すことへの共感や，〈家畜の世話もあれば，田んぼや畑に出たり，農具の手入れとか縄でわらじ編んだり[*22]〉という，職と生活の不可分性について語っている。ここにみられる自立性や不可分性への志向は，近年，政府や経済界の主導で普及促進されているワークライフバランス（一般に，「仕事と生活の調和」と訳される）概念とも一見相通じるものである。しかし，〈仕事と生活が並んじゃまずいんじゃないかな。やっぱり生活が上にあって，それを包むようなか

[*22] Ｂ氏は「百姓」の仕事内容としてこれらを語っているが，これは「百姓」は農民と同義ではなく，農業以外の多様な生業に携わる人々を含む言葉であるとする網野（1996）の指摘と重なり非常に興味深い。

んじで仕事があって〉という語りにみられるように，B氏の指すそれは，ワークライフバランス概念が含意するような仕事と生活を対等で対立的なものとして並置させ，その拮抗のバランスを問うというものではない。B氏は〈生活が上〉としながらも，仕事を「下」とは位置づけず，そのかわりに〈包む〉という表現で語っている。このことからは，あくまでも生活を主体に据え，その周囲にあって生活を守りつつ囲むものとして仕事が存在するという構造がイメージされる。つまり，B氏の語りにうかがえるのは，個人の経済活動に相対的な比重を置くのではない，生きることそのものを中心に据えた職業観であるといえるが，このことは我々に「職とは何か」ということへの再考を迫るものである。

　そもそも橋本（1996）によると，近代資本主義社会は，人々の生活に，①「生産組織としての企業」と「消費＝再生産の場としての家族」という空間的な分離，②「労働時間」と「非労働時間」という時間的な分離，③「男は生産労働，女は再生産労働」という性別役割の分離，という三重の分離をもたらした。これを踏まえて言うならば，B氏の語りは，近代におけるこれらの分離に対する懐疑を表明したものとも解釈できる。〈人間って本来そういうもんじゃないかなぁという気がするんです〉という言葉には，生活を中心に据えつつ，そこに職を融和させていこうとするのが人間の本来性であるとする姿勢を見ることができるのではないだろうか。

(2) 地域移動に対するこだわりの無さ：地域移動を伴う転職の源泉としての「漂泊自我」

　ライフストーリーの分析で詳述したように，B氏の転職はしばしば大幅な生活地域の移動を伴っており，それは出身県を除くと，のべ6県（日本語学校学生，農業専門学校学生，青年海外協力隊研修生・2県，帰国後の農業法人アルバイト，現在の団体職員の各転職に伴う移動）と海外1国に及んでいる。それについてはどのように認識しているのだろうか。

　　　［お仕事ごとに住む場所も変えておられますが，それについては
　　　どう感じていますか］

実は今もW市にいて違和感みたいなのはあるんですよね，W市の人は決して排他的じゃないし，地域のお祭りの手伝いみたいなこともしていますが，やっぱりここで生まれ育った人間じゃないからみんなと本当の意味で一体化はできないんだろうなっていう，ちょっとあきらめみたいな気もちもあって，根を張っていないからだと思います。
［今ふりかえってみてBさんが根を張った感のあるところってどこかありますか］
あぁ，ないですね。それは家庭ぐらい……，今は結婚してますからここですし，あとは実家の家族とか。
［じゃ，土地というよりは家族……］
はい，小学生の頃に転校していますし，実家のあるあたりも子どもの頃とはすっかり変わってしまったし，だから，W市じゃないなら実家のある街かっていうとそれも違うかんじがして，だから根を張った感に憧れもあるかもしれない。

　ここで，〈実は今もW市にいて違和感みたいなのはあるんですよね〉〈根を張っていない〉と述べるように，B氏は結婚し居を構えW市在住5年以上が経つ現在もなお定着感を得ていない。そのことは，故郷の街に対してさえも同様であり，〈W市じゃないなら実家のある街かっていうとそれも違うかんじがして〉と述べている。頻回転職を直接に扱ったものではないが，新谷（2004）は，フリーターや無業を選択する若者について，中学の同級生・先輩・後輩というつながりを基盤とする「地元つながり文化」の中に留まることで情緒的安定を得ようとする傾向があり，その特徴を「非移動性志向」としたが，同様の指摘は堀（2004）や，遠藤ら（2007）にもみられる。しかし，B氏の職業選択は，むしろ「地元」といえるところを持たない「非地元つながり」および「移動性志向」であるといえる。その源泉にはどのような要素があるのだろうか。
　その説明を可能にする概念として，老松（1997）がフロイト的な自我観に対して，ユング心理学の観点から提案した「漂泊自我」があげられる。これは，

現代の心理学が自明としている，意識の統制の中心としての自我「定住自我」に対立する「日本的な自我」の概念であり，自我の存在する地点がその時々の状況との相対的関係によって刻々と変化していくことを特徴としている。また老松（1997）は，その相違点を，西洋絵画が遠近法という唯一の消失点を持った立場で描かれるのに対し，日本の絵巻物は唯一の視点を持たず，新しい視野が次から次に現れては消えることにたとえている。B氏にとって地域とそこでの職があたかも次から次へと表れては消える絵巻物のそれぞれの場面として位置づけられているのだとすれば，B氏の地域移動を伴う転職の源泉に「漂泊自我」のような心性があると仮定してみることは，頻回転職について新たな解釈・説明を与える可能性を有しているのではないかと考えられる。

(3) 個々の職における学びへの志向性：学びの旅としての頻回転職

このようにB氏は地域を移動する漂泊性を持ちながら頻回転職を経てきており，現在もなお十全な定着感を有しているとはいえないにもかかわらず，一方で，ライフストーリーの分析でも触れたように一定程度の充実感や安堵感をも得ている。B氏がこのような安定感に至っているのは，何に導かれているのだろうか。それはB氏のキャリアのどこに見いだせるであろうか。

> 自分の場合は，あんまり大学生とか社会人とかって区切るよりも，はじめは世の中はこういうもんだと思って，また違う世界に行ったら，あぁそうじゃなかったんだ，こういう考え方もあるんだ，ここではこういう考え方をするんだっていうことを知って，また次へ行ってっていう，その繰り返しみたいな気がしますね。自分は今まで狭かったんだ，そうじゃなかったんだっていうのがずっと続いているかんじです。
> ［そういう転職経験から学んだことはありますか］
> いろんなところに，謙虚になれたというか，もういい年なんですけど，相手の人が自分よりうんと若くても「教えてください」って言えたりするのはこういう経験を経たからかなぁって気がしま

すね。さきほどね,「教育学部出てるのに教師にならないヤツはけしからん」みたいな話をしたんですけど,「オレはあんなふうにならないぞ」ってね,やっぱり若い頃はとんがってたり反発みたいなことはあったと思うんです，いい意味で角がとれたと思います。

　ここでの〈また違う世界に行ったら〉,〈また次へ行って〉,〈相手の人が自分よりうんと若くても「教えてください」〉という語りは極めて特徴的であるといえる。また,職を変わる都度,そこで〈自分は今まで狭かった,そうじゃなかったんだ〉という学びを得て，再び次の職へと向かうことで,〈いろんなところで謙虚になれた〉,〈いい意味で角がとれた〉という状態に移行してきたともB氏は語っている。これは，B氏が頻回転職のプロセスを,あたかも1つまた1つ,異なる場所を訪ね,異なる師に学び,自らの人間性を深めていく「旅」のように認識していることをうかがわせる語りであるといえる。

　ところで,Gergen（1991, pp.160-164）は,ナラティブ（語り）の形式は常に文化の制約を受ける傾向にあるが,西洋文化においては,ナラティブが肯定的または否定的に価値づけられて構成され,その典型例は,時間の経過につれて「連続的に良くなる成功物語」か,逆に,「連続的に悪くなる失敗物語」という2パターンとそのバリエーション（「始めは良くなかったが,末永く幸せになった」「始めは良かったが,後に悲劇にみまわれた」など）として描かれることを指摘している。つまり,西洋のナラティブは概して「それは是（成功）か非（失敗）か」という二分法的なストーリーとして語られる傾向にあるといえる。

　これに対して,〈自分は今まで狭かったんだ,そうじゃなかったんだっていうのがずっと続いているかんじです〉というB氏の「旅」の語りは「成功物語」にも「失敗物語」にも価値づけられておらず,また,それはここまでの分析で取り上げたB氏のすべての語りを貫く特徴である。強いて言うならば,B氏の語りは,成功でも失敗でもない,ただひたすら周囲と交わりつつ自らを広げ深化させる道程についての語りである。このことは,前節の「漂泊自我」と同じく,非西洋文化の文脈でB氏のキャリアを検討することの必要性を強く

示唆していると考えられる。

3.4.2　B氏のキャリアのメタファーとしての「善財童子キャリア」モデル

　第1章でも触れたように，近年，海外では，頻回転職をする人々の心理的または行動的特性を，個々の国や業界に固有の社会的文化的文脈の中に位置づけて検討し，そこから描き出される人物像をメタファーで表象する研究が増えている。たとえばItuma & Simpson (2006) による「カメレオンキャリア」は，ナイジェリアの民族には神の使いとして伝統的に尊重される (Parrinder, 1967/1991) カメレオンをメタファーとして用いたもので[*23]，民族固有の文化的意味を持つ表象を用いた研究例として，ナイジェリア国内における研究（たとえば，Salami, 2008；Mordi et al., 2010）をはじめ，アメリカ以外の国を対象にした研究（たとえば，Tanova et al., 2008；Wickramasinghe & Jayaweera, 2010）でも参照されるなど，キャリア研究の対象をアメリカ以外に広げることによる新たな知見の発見に貢献している。

　このような先例にならい，B氏の頻回転職のプロセスと人物像を，非西洋文化的かつ，わが国固有の文化的文脈に合致した神話的人格のメタファーで表象するなら，それは善財童子ではないだろうか[*24]。

　善財童子とは，仏教の経典『華厳経』に登場する，53人の師を訪ねて修行したとされる若者である。鎌田 (1988) によると，「華厳経」は8世紀に唐からわが国に伝えられた経典であり[*25]，聖武天皇による奈良東大寺の大仏建立の思想的基盤になって以来，微小なものの中に無限なもの，偉大なものが宿っているという「一即多」などの思想が，茶華道など日本文化のさまざまな方面

[*23] 転職と関係するキャリアモデルとして神話的人格のメタファーを用いた最初の例は，第1章で詳述したHall (1976) のプロティアンキャリアであろう。ギリシア神話の神・プロテウスの変幻自在性を，環境の変化に柔軟に対応しながらも（すなわち，高い転職可能性を有しながらも），自己主導的で，主観的価値に基づくキャリア形成をしていく人物像に重ねている。

に影響を与えてきた。なかでも善財童子は，彫像が国内各地の寺院に置かれたり，祭りの山車に祀られたりするなど人々の信仰の対象とされてきたが，Usui (2007) によれば，善財童子の物語（後述）は，西国三十三箇所や四国八十八箇所をはじめとする「巡礼」の慣習成立の基盤ともなった。近年では，善財童子は，児童文学である灰谷健次郎著『兎の眼』（灰谷，1974）の主要モチーフとしても知られる。一方，善財童子の成長のあり方に関する教育学的検討も行われている（古田，2002；岩瀬，2011）。海外では，Kwee (2008) が仏教心理学の立場から，華厳経に基づいて法蔵が大成した「華厳教学」の観念に，社会構築主義との強い類似性が見られると指摘して，善財童子の物語を詳しく紹介している。

　その善財童子の物語とは次のようなものである。善財童子は，真の仏を求めて旅に出るが，その旅のはじめに文殊菩薩からさまざまな職に就く師（「善知識」）を訪ねるよう言われ，南の方向を指し示される。それ以後，善財童子は，1人の師の下で学びを終える都度，その師に次の師の存在を知らされ，また次の師を訪れ……を繰り返す。訪ね歩いたのは，必ずしも高徳な修行者（「菩薩」）ばかりではなく，盗賊や娼婦，子どもも含まれるが，善財童子はその個々の師

---

*24　ここで，善財童子以外の，他のメタファーの候補について言及しておきたい。まず，ギリシア神話に因んだプロティアンキャリアの例にならい，わが国における漂泊性や変幻性を有する神話的・伝承的人格をあげるならば，古事記・日本書記に登場し，「旅する神」としての性格が強いスサノオやサルタヒコ（篠田，2001）が該当する。しかし，両者とも職業とは無縁であり，とくにスサノオは乱暴狼藉をはたらく「荒ぶる神」としての性格も強い（老松，1999）ため，キャリアモデルとしては採用しにくい。また，職業に直結する例としては，中世から第二次世界大戦前まで実在していた，各地を漂泊・放浪しながら生計を維持していた「アルキ筋（遊芸人，行商人，渡職人）」「ワタリ（渡世人）」と呼ばれた人々（沖浦，2007, p.237）をあげることができる。さらに，いわゆる「定職」に就かない人々を「遊民」（守本，1985），「無宿」（阿部，1999）とする時代もあった。しかし，これらの人々の存在は当時の社会的賤視と密接に関係しており，現代の転職のメタファーとしては適さない要素が多い。

*25　木村（2014, p.34）によると，華厳経は，西暦400年前後に，それ以前からあった複数の経が編纂された集成経典として，オアシス都市コータン（筆者注：現在の新疆ウイグル自治区内）周辺で誕生した。

53人に謙虚に学び，最後にはさとりに至る。

　この物語は，一見すると苦難の末の「成功物語」であるかのようにも解釈できよう。しかしそれは，前述したGergen（1991）の示すように西洋文化の観点である。臨床心理学の立場から華厳経を研究した河合（2003, p.221）は，近代科学とキリスト教に支えられてきた西洋近代的な考え方に対する反省に華厳経が重要な役割を果たすとした上で，善財童子の歩みが西洋近代の論理的追求とは異なる，深い体験で描かれていることを述べ，「『段階的』に苦労を重ねつつ菩薩への道を歩んでいく」ものでは決してないと強調している。このような善財童子の姿は，さまざまな職の世界を訪ね，その都度学びを重ね，また，自分より若い人にも謙虚に教えを乞い，無意図的ながらも自らの糧としてきたB氏の歩みと，いくつもの面で重なるものである。

　そこで本章では，このような頻回転職のキャリアを「善財童子キャリア」と呼び，1つのモデルとしたい。その要件を大まかに述べれば，①転職が頻回であり，②その個々が社会的地位や賃金の上昇を第一に目指すものではなく，③それぞれの職においては誠実に人と関わり，④とりわけキャリア全般を通じて職を通じての学習性が高く，⑤これらの実現のためであれば遠距離でも地域移動をいとわない，そして⑥結果として，徐々にではあっても本人の内面的豊かさに資するものとなる，と規定できよう。

3.4.3　「善財童子キャリア」の位置づけ

　ここで改めて，わが国の心理・社会的な転職研究で参照されることの多いキャリア発達論に注目してみると，そのほとんどがアメリカで誕生したものである。そして，それらは渡辺（2007, p.15）によれば，Eriksonをはじめとする発達段階論や精神力動論（フロイト派理論を主要基盤とする理論群）などを主要な源泉としており，そこでは西欧文化圏における人間観の根底にある「個別性（individuality）」が最も重視されるため，「自分自身がキャリアの管理者になること」が志向される。仮に，そのようなキャリア発達論に準拠してB氏のキャリアを解釈・説明するなら，「アイデンティティの脆弱さ」や「職業選択の失敗」

などの結論が導かれるのみであろう。もしかしたら，わが国の転職研究における「冷淡な傾向」は，そのような「個別性（individuality）」重視の観点に由来するのではないだろうか。

　しかし，河合（1995）[*26]は，現代日本人が西洋近代的なindividuality（河合はこれを「個人性」と訳している）に高い価値を置いていることの意味を問い直し，individualityに従えば，自我（ego）の力で積極的に独自性を伸ばしていけるが，その反面で，自我の判断外にある思いがけない方向へ独自性を発展させる可能性を狭めてしまう側面があることを指摘している。そして，河合（1995）は，その短所を補い，自分でも気がつかなかった豊かな独自性を発見するためには，一見受動的で依存的に映る華厳経的・仏教的なeachness（これは河合（1999, p.130）が自身で「発明」した用語であり，「個別性」と訳している）のあり方を取り入れ，時に自我の判断を放棄する勇気を持つことが必要であるとしている。このような観点からみるならば，「善財童子キャリア」は，individualityではなく，eachnessの涵養に強みを発揮するモデル，あるいはeachnessによって生きる人のキャリアの理解に有効なモデルであると位置づけることができるだろう。

[*26] 同書における河合の西洋近代と華厳経の「独自性」解釈の違いに関する説明を要約すれば次のようになろう。
　西洋近代の発想が物事の区別を明確にする方向へ発展したのとは対象的に，華厳経の発想は物事の区別を無くす方向へ発展した。そこでは，個人はそれ自体の性質（「自性」）を持たず，自分以外の無限の構成要素との関係によって成り立つと考えられている。したがって，華厳経的観点によれば，西洋近代の発想に影響された我々が「これが私の独自性だ」と思っているものは，その構成要素中のいずれかが積極的・顕現的（「有力」）なものとして前面に出てきた姿にすぎない。しかし，実は，その深層には消極的・隠退的（「無力」）な無数の要素が存在している。西洋近代的な自我（ego）の力で「有力」的な要素を意識的に打ち出していけば，たしかに他と異なる個人の存在は際立つが，一方で，無限の「無力」的な要素には気づかずに一生を終えることになる。そこで，受動的・隠退的にして待ち受けていると，「無力」的な要素が活性化し，それまで「これが私の独自性だ」と思っていたのとは異なる側面を「発見する」ことができるようになる。つまり，「独自性」とは，西洋近代的観点によれば意識の力で作り出すものであるが，華厳経的観点によれば自然発生的に「発見する」ものという全く異なるものである。

第3章 頻回転職のキャリアモデル「善財童子キャリア」の構成

Column ❹
東大寺の大仏からコンピューターゲームまで
― 隠れた主役の善財童子 ―

　善財童子キャリアの話をすると，ほとんどの場合，相手から「ゼンザイ？それ，何？」と聞き返される。実は，筆者も本書の研究に関わるまで善財童子のことは全く知らなかった。しかし，調べてみると，善財童子は，文化の中の隠れた主役のような存在であることがわかった。

　まず，一部の児童文学愛好者の間ではよく知られていることだが，本文中にも取り上げた灰谷健次郎著『兎の眼』（1974）には奈良・西大寺にある善財童子の彫像が登場する。『兎の眼』は，若い新任女性教師・小谷先生が子どもたちとともに成長していく姿を描いた小説である。子どもたちとの交流を求めながらも疲弊してしまうと，小谷先生は善財童子像を見に行くのである。そもそもタイトルの「兎の眼」は，この善財童子像の眼の美しさを評したものであり，文中では次のように描写されている。

　　「あいかわらず善財童子は美しい眼をしていた。ひとの眼というより，兎の眼だっ
　　た。それはいのりをこめたように，ものを思うかのように，静かな光をたたえ
　　てやさしかった」。

　他に児童文学の例として，菅（1981）が『善財童子ものがたり』（①「わし，学校へ行きとうない」②「生きていてよかった」③「大統領の涙」の全3巻）があり，現代に生きる善財童子という名前の少年が多くの人との出会いを通して「クレバーではなくワイズな生き方」をしていく姿を描いている。また，宗教評論家のひろさちや（1994）は，善財童子の物語を児童向けのマンガ『宇宙のお経・華厳経』で紹介している。

　また，日本文化に定着している例として，東大寺の大仏の高さが五十三尺であること（田所，2001，p.24），東海道が五十三次であること（総合佛教大辞典編集委員会，2005，p.818）が，善財童子が53人の師を回ったことに由来しているとされる。京都祇園祭で巡行する曳山にも善財童子の像が祀られている。

　さらに，アジア圏における善財童子の物語の広範な普及は，8世紀後半から9世紀はじめにかけて建造された世界最大の仏教遺跡であるインドネシア・ジャワ島のボロブドール遺跡が「第二回廊から第四回廊までおびただしい浮彫を善財童子の求法の旅にあてている」（並河，1978）ことや，16世後半から17世紀前半にかけて成立した小説『西遊記』（金，2003，p.24）において，妖怪・紅孩児（こうがいじ）が，観音の法力により善財童子になり「53回の礼拝」（中野，2005，p.94）の後，観音の弟子になったという挿話があることからもわかる。なお，最近のわが国では，紅孩児はコンピューターゲームのキャラクターとして知られている。

　東大寺の大仏からコンピューターゲームまで，時代によって姿かたちを変えながらも，善財童子は脈々と，しかし静かに，私たちの文化の中に生き続けているのである。

第 4 章

「善財童子キャリア」に潜在する意味の検討
―2名の頻回転職者（A氏とB氏）の対話的語りの分析―

　前章では，B氏のキャリアの語りから，①転職が頻回であり，②その個々が社会的地位や賃金の上昇を第一に目指すものではなく，③それぞれの職においては誠実に人と関わり，④とりわけキャリア全般を通じて職を通じての学習性が高く，⑤これらの実現のためであれば遠距離でも地域移動をいとわない，そして⑥結果として，徐々にではあっても本人の内面的豊かさに資するものとなる，という要件を持つ「善財童子キャリア」モデルを提示した。

　本章では，それらの要件を生起させている個人の潜在的な認識の解明を試みる。

4.1　本章の目的

　本章は，A氏とB氏のキャリアにおける共通性と対称性に注目し，善財童子キャリアで生きる人の内面的現実の描き出しを行うことを目的とする。そのために本章では，この2名の出会いと対話の機会を設定し，お互いのキャリアについて語り合ってもらい，その内容を質的研究アプローチにより詳細に分析する。

4.2 方　法

4.2.1　研究参加者

　研究参加者は，第2章のインタビュイーA氏（現・小学校教諭）と第3章のインタビュイーB氏（現・団体職員）の2名であり，いずれも現職に就いて6年目の40歳代半ばの男性である。なお，お互いに初対面であるが，筆者（インタビュアー）は両氏それぞれに20XX年と200XX＋3年の計2回ずつ詳細なインタビューを実施している。

4.2.2　A氏とB氏のキャリアにおける稀少な共通性と対称性

　ここで上記の研究参加者であるA氏とB氏のキャリアの関係性についてとくに触れておく。

　まず，両氏のキャリアは次のような共通性を有している。①公立の進学高校から国立大学教育学部に入学している（ただし，両氏は出身高校も出身大学も全く別の学校である），②年齢が近く，1990年代初頭の同年に（A氏の大学中退年度と，B氏の留年後の卒業年度は同じである）初職に就いている，③大学在学中に将来の進路をめぐる心理的不適応（大学生に特有の一時的な意欲減退状態であるスチューデントアパシーと推測される状態）を経験している，そして，④「教職」と「畜産」という職を経験している，⑤その過程で頻回転職を経験している，しかも，⑥主にB氏の語りから構成された善財童子キャリアはA氏のキャリアにも合致している，である。

　また，両氏のキャリアには，これらの共通性があるばかりではなく，次のような2点の際立った対称性もある。第一に，A氏は「畜産→頻回転職→教職」，B氏は「教職→頻回転職→畜産」と，就業順序において完全に逆行している点である。第二に，就職目標との接近－離脱性において完全に相反している点で

ある。すなわち，頻回転職を経由して，A氏は"将来の目標が全く描けない"状態から新たな就職目標に徐々に接近し現職（教師）に至り，B氏は当初の就職目標（教師）からむしろ徐々に離脱し現職（畜産）に至っている。

とくに，B氏の離脱性には注目すべきである。先行研究では，たとえば中島由佳（2011）が大学生の就職活動における目標達成志向が実際に就職した後の職務遂行に寄与することを明らかにしているなど，「目標達成→職務への定着」という一続きのプロセスを指摘する例が多い。しかし，頻回転職の経歴を含む善財童子キャリアではそのような解釈をあてはめることができない。大学時代の就職目標が無くても（A氏の場合），有っても（B氏の場合），初職に定着はせず頻回転職に向かったこと，また，頻回転職を経て両氏とも現在は少なくとも数年程度1つの職に定着していることからは，先行研究が指摘するような「目標達成」とは異なる認識の存在が推測される。

このような共通性と対称性を同時に有する両氏のキャリアは，その比較検討をとおして頻回転職に潜在するさまざまな要因の検討を可能にするばかりではなく，善財童子キャリアに関するさらに精緻な検討をも可能にすると期待される。

4.2.3　フォーカスグループの採用

本章ではA氏とB氏によるフォーカスグループを行った。フォーカスグループとは，「具体的な状況に即したある特定のトピックについて選ばれた複数の個人によって行われる形式ばらない議論のこと」（Vaughn et al., 1996/1999, p.7によるBeck et al., 1986の引用）。また，大谷（2013）はその意義について，「同様な体験を共有する人々に話を聴くことで，話者の間の相互作用によって個人が言語化していなかった体験を言語化する効果を持つ」としている。

通常，フォーカスグループは数名程度で実施される。しかし，今回は参加者が2名であるため，初対面でも対話が進むよう，A氏とB氏の双方に，本書の第2章と3章の原著を郵送し読んでもらうことにした。

なお，通常，フォーカスグループの実施にあたっては，研究参加者には，自

分以外に誰が参加者であったかについての守秘義務が課せられる。そこで，今回のインタビュー実施にあたっては，A氏とB氏に，通常のインフォームドコンセントに加え，そのことを説明し，書面による同意を得た[*27]。

4.2.4　データ採取

　インタビューの実施日は，両氏それぞれに対する第1回目インタビューの5年後にあたる20XX＋5年の某日であり，実施場所は愛知県内であった。インタビュー時間は，途中の休憩をはさんで前半が121分，後半が92分の合計213分であった。

　前半は本章テーマに関する緊密だが柔軟な対話となった。後半は，A氏が小学校，B氏が中学校の教職経験者であることから，小・中学校におけるキャリア教育について補足的に聴いた[*28]。インタビューの音声は記録され，逐語録化された。

4.2.5　データ分析

　データは第2章・第3章と同様にSCAT（大谷, 2008a, 2011）に準じて分析した。

[*27] 今回のインタビューは，筆者が過去の論文で対象にした，お互いに未知の研究参加者2名を対象としている。先行研究には同様のインタビューを実施した事例は見当たらないが，既存のインタビューのカテゴリー，あるいは既存のデータ採取のカテゴリーを適用するなら，これは，「フォーカスグループのうち，研究参加者が2名のみの新規なケース」であるといえる。

[*28] ただし，この後半は本書では取り上げていない。

第 4 章 「善財童子キャリア」に潜在する意味の検討

4.3　結果と考察

4.3.1　キー概念としての「天職」と「漂泊」

　インタビューデータの SCAT による詳細な分析の結果，いくつかの主要な概念が抽出されたが，本章ではその中から特徴的であった「天職」と「漂泊」に焦点化して両氏の認識の内容とそれに関連する他の要素について検討を進める。ここでとくにこの2つの概念を取り上げる理由は，一般に，「天職」は，一度それに出会えば長期にわたりその職に従事していくキャリアに結びつけられやすいのに対して，「漂泊」は，居所や職も変えながら生きていくようなキャリアに結びつけられやすい，という対比性が，本書の分析の手がかりとして有益であると考えるためである。以下では，この2つの概念に関する知見を整理しておく。

4.3.2　天職に関する先行研究とその検討

　「天職」は，辞書（『大辞泉』1998, p.1850）では，「天から授かった職業。また，その人の天性に最も合った職業」と定義されている。第1章でも述べたように，近年，転職を天職と結びつけて，転職に肯定的な意味を付与しようとする言説も散見されるようになった。しかし，キャリアや心理学の研究上は転職と天職の関係はどのように位置づけられているのだろうか。これについて，現時点で，わが国の当該領域では天職に関する研究がほとんど見当たらない。他方，本書の第1章でも触れたように，近年のアメリカの研究では，天職（calling）に着目したキャリア研究の発表が相次いでいる。そこで，以下ではアメリカの研究を概括する。

　まず，転職の研究については，第1章で詳述したが，ここでその概略を改めて述べておく。1990年代半ばに，それ以前に提唱されていた単一組織内での

キャリア形成を前提とする線形キャリアモデルから，複数の組織や職業を経験することを前提とする非線形キャリアモデルへの変化があった。そこでは地位や職の保証よりも，個人の内面的満足に基づくキャリア形成が強調された。

一方，キャリアや心理学の観点からの天職の研究は，その延長線上に発展形として生じたものである。Duffy & Dik（2013）のレビュー研究によると，それらは，運命や社会貢献の側面に注目し天職の歴史的理解を目指す「ネオクラシック」な観点に基づくものと，自己実現や個人の幸福に向けての動因の心理学的解明を目指す「モダン」な観点に基づくものとに大別される。また，天職の定義には，総じて，①高次なパワーや社会，家族の伝統などの自分以外の存在に呼ばれている感覚，②その人の人生の広範な目的との整合性，③直接・間接的な社会貢献性，という3要素が含まれているとしている。

ところで，「モダン」に該当する代表例である Hall & Chandler（2005）は，天職を「人が自分の人生の目的だと理解する仕事」と定義し，努力による「目標達成→心理的成功→アイデンティティの変化→いっそう高度な目標達成」というサイクルを繰り返すプロセスで天職の感覚を得るとする「心理的成功の天職モデル」を示した。

また，Dobrow & Tosti-Kharas（2011）は，天職（calling）が研究者によって，人生の目的と思えるような高いレベルのキャリアサクセス，自分の能力や才能によって導かれたと当事者が感じることができる特別な職，当事者の外部の超越的な呼び出し（summon）により引かれるようにして就く特定の職，といったように多様に定義されていることを紹介した上で，それを「ある領域に向かわせる圧倒的かつ有意義な情熱」（p.1005）と定義した。そして，音楽，芸術，一般的なビジネス，管理職に従事する人々を対象にした複数の縦断的研究から，12項目から構成されるその尺度を開発した。それらを要約すれば，①それに向ける情熱，②それが有する絶対性，③それが与える多大な満足，④それが他を犠牲にしうること，⑤それに対する自負，⑥そのための障害の克服性，⑦それが自分の生の一部であること，⑧それに対する運命の感覚，⑨それがいつも心にあること，⑩他のときもそれを考えていること，⑪それが無ければ人生の意味が減少すること，⑫それが自分を突き動かし満たすこと，であり，自分に

とってのその職の唯一絶対性や，その職への傾倒性によって特徴づけられているということができる。

4.3.3 漂泊に関する先行研究とその検討

「漂泊」は，辞書（『大辞泉』1998, p.2262）では，「流れただようこと。所を定めずさまよい歩くこと。さすらうこと。流浪」と定義されている。日本では，松尾芭蕉の『奥の細道』の序章にも「予もいづれの年よりか，片雲の風にさそはれて，漂泊の思ひやまず……」と，漂泊という言葉が登場していることにもうかがえるように，日本人にとって馴染みが深く，しばしば憧憬的な気持ちを抱かせる言葉である。実際，人文学の領域では，日本人の漂泊的心性に関する指摘が多くあげられている。たとえば，古典文学研究者の中西（1978, p.242）は，記紀神話や古代伝承にみられる漂泊の検討から，「漂泊感は日本人としての心性の原質をなす」と指摘している。また，仏教研究者の紀野（1967）は，日本人の精神構造の特徴の1つとして遍歴放浪性をあげ，それに仏教が深く関係していることを指摘している。

漂泊をテーマにしたわが国の先行研究は，現在までのところ，「石川啄木と旅―漂泊への衝動」（池田，1999），「俳諧と漂泊―芭蕉から山頭火まで」（村上，2006）といった詩人・俳人や作家などの旅や転居と作品の創作プロセスを扱った文学的研究，および，「幻の漂泊民・サンカ」（沖浦，2004），「現代移民の多様性：『Where is Home ?』から『Home Everywhere』へ―漂泊する華僑・華人たちのネットワーク」（陳，2009），といった，特定の職能民や民族を扱った民俗学・民族学的な研究に限られる[*29]。それに対して，キャリアや心理学領域における研究は，本論第3章で善財童子キャリアを導出する際に参照した「漂泊する自我」（老松，1997）以外には見当たらない。

漂泊者に該当する英語には，wanderer, roamer, vagabond, bohemian,

---

*29　鶴見（1977）によると，柳田國男は，漂泊者の職業と生活の研究への没頭の後，一定の土地に定住する「常民」の概念を明確化した。

hobo などがある。このうち hobo については，Ghiselli（1974, p.81）が組織心理学の立場から，hobo-syndrome 概念を提出しており，「ある場所のある職から他の場所のちがう職へと定期的に移りたくて仕方のないような切望」と定義している。つまり，hobo-syndrome 概念は，心理的衝動により，職も場所も変える転職を繰り返す状態を示す概念である。

なお，Lutz（2006）は，アメリカにおいて近代以降に登場した，労働に忌避的な態度をとる idler, lounger, loafer, slacker, bum などと呼ばれてきた人々の歴史をまとめているが，それらの人々がしばしば日本語でいう漂泊のエピソードを伴っていることを指摘している[*30]。

これらのことから，わが国では，特定の職能集団に関するものを除けば，漂泊と労働が直接結びつけられることは稀であるが，英語圏では，少なくとも研究においては，漂泊は労働と結びつけられやすく，その際には否定的な関連づけがなされてきたといえる。

4.3.4　インタビューの全般的状況

ここからは上記を踏まえ検討していくことにする。まずインタビューの全般的様子であるが，A氏，B氏ともに，大変意欲的にインタビューに臨んだ。それは，両者に，本章2.2で述べた共通性と顕著な対称性があることなどにより，お互いに相手の人生に対して深い共感と関心を抱いたことによるものと思われた。そのため，初対面であるにもかかわらず，筆者が両氏それぞれを紹介した直後から和やかな雑談が開始され，インタビューが開始されると真摯な対話が緊密に展開された。

以下ではA氏，B氏の発言の抜粋は別書体で示し，そこでの他の人による発話の挿入は［発話者名：〜］と記す。ただしそれが筆者による質問等である

[*30] たとえば，アメリカを代表する作家の Melville も初職は銀行員あったが，その後の頻回転職の中で就いた船員の経験を元に「白鯨」を執筆したことが紹介されている。

場合には，発話者名は記さないことがある。また，読者が発話を理解するために必要な語句を（　）で補っている。なお，本文への発話の引用には〈　〉を用いる。

4.3.5　天職に関する両氏の語りとその分析

(1)　天職への関心と疑問

　インタビューでは，冒頭における〈A 氏論文（第 2 章の原著）と B 氏論文（第 3 章の原著）を読んでの感想をお話しください〉という筆者の促しの後，B 氏から A 氏に対する〈A 氏論文を読んで一番聞いてみたいと思ったのは，A さんは今の小学校の先生を天職だと思われているのかってことです。そうだとすれば，納得した回り道をしてきた方なのかな，同じように頻繁に転職してきたといっても私とはちがうのかなって印象を持ったんですけど……〉という問いかけで始まった。たしかに，筆者は第 2 章において，当時の A 氏の，頻回転職を経て小学校教師になった心境について，〈まさにこのために，これまではあったんじゃないか〉と一種のサクセスストーリーのような語りを引用している。したがって，B 氏がこの質問をするのは当然であろう。しかし，A 氏は次のように語る。

> 教師になったときは，「わぁ，これも面白い，面白い」ってことで 1 年も 2 年も過ぎていったんですよ。授業のやり方は千差万別だし，やればやっただけいろいろ工夫した感もあって，自分がすごい勢いで学んでいるような気がして，とにかく楽しくて，天職ってこういうことを言うのかなとチラッと思うこともあったんですけど，今まで 6 年ぐらいやってみると，ちょっとそれが揺らいできて，天職ってなんだ？ってよくわかんなくなったっていうかね，「今まさに充実してるんだから，そうなんじゃないの？」って他の人が言ってくれたら，「うーん」って思うかもしれないけど，わからないんですよね。

> [B氏：6年目で何か壁にぶつかったというようなことではなくて，自分の内面からそういう思いが出てきたってことですか]
> それはまだよくわかりませんけど，でも，Bさんの論文を読んでから天職って何だろうっていうのがカチッと，私の中の課題のようなかんじになってて。

このように対談冒頭で，B氏は〈一番聞いてみたいこと〉，それに導かれる形でA氏は〈私の中の課題〉として，いずれも「天職」への強い関心を語った。また，このやりとりからは，両氏ともが，近年の「良い転職は天職につながる」という言説に関心を持っていることがうかがえる。

ところが，A氏は過去には小学校教師の仕事に天職感を持ち，また現在も〈自分自身に向いている〉〈楽しい〉〈やりがいがある〉としながらも，天職であるかどうかは〈よくわかんなくなった〉と語っている。

(2) 手段としての職への疑念

では，このギャップの背後にはどのような潜在的な認識があるのであろうか。A氏は次のようにも語る。

> 私はね，働くっていう言葉の意味そのものがよくわからなくなってきている。お給料をもらいますけど，私が教室でいろんなことをしたり，学校に教師として勤務したことの引き換えでもらっている感覚が無いんですよね，薄いというか。私が社会の中で食べなきゃいけないから，誰かがお金をくれているかんじはなんとなくありますけど，対価としてもらっているかんじはないですね。だから，なんで働いているのかっていうと，やりたいからやってるんだと思いますけどね。うまい具合にそこでやっていることが楽しいことなので，でもそれが絶対やらなきゃいけないこととも思っていないです。

ここでA氏は，上記の，天職について〈よくわかんなくなった〉ということに留まらず，それを超えて〈働くっていう言葉の意味そのものがよくわからなくなってきている〉という根本的な問題意識を語っている。〈対価としてもらっているかんじがない〉〈やりたいからやっている〉という発言は，一見，「お金のためではなく，自己実現のために働いている」ことを意味しているかのようであるが，A氏は〈でもそれが絶対やらなきゃいけないこととも思っていない〉と述べている。つまりA氏は，自己実現のために働いているという認識も無いように考えられる。言い換えれば，これらの語りは，一般社会でしばしば聞かれる「お金のために働くのか，自己実現のために働くのか」という二分法的な問いに収束されないものである。

　この問いについて，大庭（2008）は，お金または自己実現のいずれのために働くにせよ，どちらも「働くこと」がお金なり自己実現なりを得るための「手段」として位置づけられていることを問題視し，倫理学の立場から論考を行っている。大庭（2008）の論じるところを筆者なりに言い換えれば次のようになる。

　すなわち，かつて生産は，穀物や家畜自身（すなわち，バイオ技術などによる再生産ではなく）の生命の再生産活動と，人間の生命の再生産活動（出産・家事・育児など）を含む生態系全体の中で，人と人との協業として行われていた。しかし，発達した市場社会における生産は，生産に必要な商品の購入→商品の生産→販売→次の生産に必要な商品の購入……という経済活動の閉鎖的なサイクルの中で行われており，一方で自然そのものや家事・育児などは非経済的な私事として矮小化されている。そして結果として，モノの生産に参与すること（すなわち，働くこと）と，自分たちの生命を維持し再生産すること（すなわち，生きること）が分離してしまう。そのような社会では，生き物の最も基本的な要件である生きるということの意味が歪められてしまい，「生きるとは，自分が所有する身体・能力を活用して，自分の生から快楽と満足を搾り出すプロジェクトだ」（大庭，2008, p.191）という意識に人々は支配されるのである。かくして，「働くこと」の意味は，対価を得るための手段だとか，あるいは，抽象化された自己実現の感覚などを得るための手段だと意識される。以上が大庭（2008）の主張である。

この論考を踏まえてA氏の語りを検討すると，A氏は，働くことをお金のため・自己実現のための手段とはみなさず，上記したような「生きるとは，自分が所有する身体・能力を活用して，自分の生から快楽と満足を搾り出すプロジェクトだ」という一般社会の既存通念の枠を超える認識を持っているといえる。〈やりたいからやっている〉という言葉には，A氏にとって働くこととは，自分から分離切断された，手段や目的の問題なのではなく，自分自身の本質あるいは本来性と連続する生きることと不可分の活動であるという潜在的な認識がうかがえるのではないだろうか。そう考えるなら，これは筆者が第3章で指摘した，B氏の語りにみられる「個人の経済活動に相対的な比重を置くのではない生きることそのものを中心に据えた職業観」と通底する潜在的な認識であるといえる。

(3) 職－自分－生活の連続性
　そこで，ここに第3章で取り上げたその点に関する当時のB氏の語りを改めて引用し，A氏の認識との接点を検討したい。

　　　［今までのお仕事の中でこれが天職だと感じたことはありますか］
　　　ないですねぇ……。もともと人間ってひとつのことだけやっていればすむもんじゃないと思うんです，天職って憧れますけど，本当にそんなのあるのかなって思いますし……。そうだ，百姓ってなんで百姓って言うかご存知ですか。
　　　［たしか百種類の仕事をやっている人って意味ですよね］
　　　はい，それを聞いたときに，ストーンと腑に落ちて，納得したんですよ。なんていうのかな，職業に対する考え方として，ひとつのことをやるだけじゃなくて，生活のことから全部含めて自分の手でやるんだという，そういう考え方のほうがストンとくるんです。
　　　［じゃぁ，収入を伴うような仕事だけじゃなくて，たとえば家族のこととか］

はい，そういうのもひっくるめてっていうふうに解釈してるんですけど。家畜の世話もあれば，田んぼや畑に出たり，農具の手入れとか縄でわらじ編んだり……。人間って本来そういうもんじゃないかなぁという気がするんです。最近，仕事と生活を両立させるべきだとか言いますけど……。
［ワークライフバランスですか］
はい，そうです，そういうふうに仕事と生活が並んじゃまずいんじゃないかな。やっぱり生活が上にあって，それを包むようなかんじで仕事があってというような。

　ここでB氏が，〈ひとつのこと〉という表現を用いていることに着目すれば，B氏が「天職」というものを，他の職とは明確に区別される唯一の職であるとイメージしていることがわかる。しかし，ここでB氏は，そのような唯一性を持つ職の存在に疑念を示し，〈生活のことも含めて全部自分の手でやるんだ〉という観点からの，「生活と不可分の多様な仕事の連続体としての職」について語っている。また，仕事と生活を拮抗させるような考えにも否定的であることがわかる。これは上記したA氏の認識とは，自分と職を分け隔てないという点で方向性を同じくするものである[31]。

---

[31] ここでA氏とB氏に通底する「職－自分－生活の連続性」は，わが国の研究において職業観の代表的な分類として頻繁に引用される尾高（1995；ただし発表は1947年，出版は1970年）の示した，①自己本位の職業観（お金や出世などの私欲達成の手段），②国家本意の職業観（企業等の全体への奉仕），③仕事本位の職業観（仕事そのものへの奉仕）という3つの職業観のいずれにも該当しない。また，尾高（1995）はこのうち③の職業観が人の個性の最大限の発揮を可能にするとしており，「おのれを殺して仕事に生き，これによって本当におのれを生かすこと」（p.22）という，禁欲的な職業倫理の確立が重要であると主張した。これは，たとえば，B氏の〈生活が上にあって，それを包むようなかんじで仕事があって〉という語りに現れた，「生きること」の中に「仕事」を包摂しようとする観点とは対照的な，「仕事」の中に「生きること」を包摂しようとする観点であるといえる。本章4.3.5.で言及した大庭（2008）の論考に従えば，尾高（1995）による③の重視もまた，「おのれを生かす」という抽象化された感覚を得るための手段の問題に回収される，「生きること」とは分離した職業観といえるだろう。

(4)「流されて」の転職

　では，かつてはこのように感じる仕事には就いたことがなく，天職の存在自体についても不明感を持ち，生きることを中心に据えた職業観を語っていたB氏は，天職について現在どう感じているのだろうか。今回のインタビューでの〈天職ってなんだかよくわからなくなった〉という上記のA氏の語りを受けて，B氏は次のように語る。

> 自分は天職を求めて転職を繰り返したわけじゃないんじゃないかなぁ。そのときそのときの経済的事情とか，やむをえず……とか，流されて……って部分が大きかったかなぁっていう気もして。ただ，「私は天職を見つけたんだ，これがそうなんだ」と言っている人はとても羨ましいです，嫉妬したいぐらい。自分も本当はそう言えたら一番いいんでしょうけれど，でも今それを一生懸命探し求めるというのとはちょっとちがうかなぁ，年齢的なこともあるのかもしれないけど。

　ここでB氏は自身の頻回転職について〈経済的事情とか，やむをえず……とか，流されて……って部分が大きかったかなぁ〉と振り返ったが，これは「キャリアデザイン」という積極的な考え方，すなわち，「長い時間幅で自分の仕事上の歩みを自分なりに構想し計画しようとすること」（金井，2003, p.3）とは正反対のあり方であるといえる。また，金井（2002, p.111）は，キャリアデザインの対語として，「吹き寄せられて漂うもの」という意味を示す「キャリアドリフト」をあげており，これはB氏の語る「流されて」と同じことを指しているとも解釈できる。しかし，ここで金井（2002, p.112）が示すドリフトとは，「デザインするからドリフトでき，ドリフトがあるから，つぎの流れはどこにのるかをデザインするときがやってくる」というポジティブな効用も含む概念である。つまり，ここでの個々の「ドリフト」は，主体的かつ積極的な全体的「デザイン」に包含されているといえる。

　しかしながら，第3章で引用したB氏が語ったキャリアの歩みや，ここで

のB氏の「やむをえず……」といった語りには，上記の金井（2003）が指摘するような，キャリアを「長い時間幅で」自分でデザインしてきたという積極的な姿勢はみられない。しかも，この語りでは天職を見つけた人を〈羨ましい〉〈嫉妬したい〉と言いながらも，それを〈今それを一生懸命探し求めるというのとはちょっと違う〉とし，天職にこだわっていない態度を示している。

このように，天職については，A氏・B氏とも，「天職」と「転職」の関係には関心を示した。その上でA氏は，かつては感じていた天職感がゆらぎ始め，強いやりがいを感じ続けながらも働く意味自体を問い直していることを，そしてB氏は，天職を求めて転職をしてきたのではなく，「流されて」という部分が大きかったことを語っている。

4.3.6 漂泊に関する両氏の語りとその分析

(1) 安定した現職への無執着

次に，漂泊に関する両氏の語りを検討する。4.3.5では，A氏が現職に対する充実感を語る一方で，現職に対する執着の無さを示していることを述べた。またB氏が天職を求めてではなく「流されて」の転職をしてきたという認識を持っていることを示した。つまり，ある種の執着の無さは両氏に共通するものとして非常に特徴的である。そのような観点から，この執着の無さと密接に関連すると考えられる，「漂泊」に関するA氏の語りを取り上げて分析を進める。

> 自分の気持ちをふりかえってみると，たしかにやりがいを持ってやっているんですけど，でもいつ辞めてもいいなっていう感じもあるんですよね。「オレは天職が見つかったからバンザイ」みたいなことはないなって思ったんですよね。天職という言葉と自分の持っているやりがい感をくっつけようと頭の中ではしてみたんですけど，なんかよくわかんないと思って。学校の先生を続けられない状況ができてもあんまり嫌じゃない……というより，それはそれだろうと思うし。でもBさんの論文に漂泊っていうのが

出てきて。漂う雰囲気ですよね。天職って言葉はよくわからないけど，漂泊って聞くと「あ，それだ」ってフィットしたんですよね。公務員になり，カチッとしたポジションにいるんだけど，気持ちの中はまだ漂泊しているような，そこに流れている漂泊的な気持ちなんかはＢさんと近いものがあるんじゃないかなあって。

　Ａ氏は，天職や働くことについては，前述のように曖昧な感覚を持ちながらも，第３章でＢ氏が語った「漂泊」という言葉については〈「あ，それだ」ってフィットした〉と語っている。第３章では，Ｂ氏のキャリアの特徴として，転職の都度，大幅な生活地域の移動（のべ６県と海外１国）をしていることに注目し，漂泊自我（老松, 1997）との関連性を示した。しかし，Ａ氏は，〈カチッとしたポジションにいるんだけど〉と，安定した職・社会的に確立した職についてもなお〈気持ちの中はまだ漂泊しているような〉という，一見不可解な心理を語っている。

　現職に居ながらも，他の職を求めている心理的傾向については，Sullivan & Arthur（2006）が，非線形キャリアの代表であるバウンダリーレスキャリア（組織の境界を越えて働く，転職を前提としたキャリア。概要は第１章を参照）の２側面として，物理的移動性（physical mobility；具体的には，転職のこと）とともに示した心理的移動性（psychological mobility；心の中の転職可能性）の概念がある程度該当するだろう。しかし，Sullivan & Arthur（2006）が，在職しながらも心理的移動性を有している人物の例としてあげているのは，同じ組織の中で自分の希望の職務への異動を希望している，職場以外の場での成長を求めている（社会人講座に通ったり，ボランティアをしたり）など，いずれも現状からの変化を望み確固たる意志で目標の実現を図ろうとしていると感じさせる人物像である。それに対して，Ａ氏は，現職への適応感があり職務においても高い成果をあげているにもかかわらず，〈続けられない状況ができてもあんまり嫌じゃない〉という言葉にうかがえるような非自己主導的な側面を有しているといえる。

(2) 一度だけのキャリアの「運転」

それについてＡ氏はさらに次のような特徴的な表現を用いて語る。

> 自分で運転したのはほんのわずかな期間ですね，今のとこ。20歳で大学中退しちゃいましたけど，そのあと運転していないんですよ。そのあと1回だけ，結婚してボスが死んじゃってどうする？住む場所も決めろよ，ってことがあって，要するに私が所属を離れる機会ができたんですよね。結婚もしたし，流れが途切れたというか，ボートにのってずーっと漂流してきた感じがあったんだけど，広い池みたいな所へ出て，とりあえずそこに教員っていう島があったので，あそこで先生やれるらしいからちょっとやってみるかって。そこはね，頑張った感じがあるんですけど，教員の島にたどりついたらオールを置いて。そうすると，配置が決まってどこの学校の何年何組の担任になってって始まるじゃないですか。そうしたら，またボートが流れだした，流れだしたというかんじ。今もあんまり運転してないですね。人生の中で運転したのはほんのわずかな期間ですね。だから漂泊とか漂流というイメージと，なんとなくボートでっていうイメージが重なるっていうか，それでフィットしたんだと思います。

ここで，Ａ氏は自身のキャリアの非自己主導的なあり方について，〈運転したのはほんのわずかな期間〉〈今もあんまり運転してない〉と，運転をメタファーに用いて語った。そしてまた，〈ボートにのってずーっと漂流してきた感じ〉〈教員の島にたどりついたらオールを置いて〉〈またボートが流れだした〉というボートのメタファーでも語っている。

ところでInkson（2007, p.129）は，世界各国で人が自分のキャリアを語るときにもっとも用いるメタファーは「旅」であり，その中には「筏による急流下り（ラフティング）」のメタファーもあると指摘している。また日本では，大久保（2010）が「筏下り－山登り」モデルを提唱している。これは大卒ホワイ

トカラーが，就職から 10 〜 20 年程度は(つまり，現在の A 氏の年齢までに)，「天職」を意識せず，あたかも激流に漕ぎ出した筏が流れにもまれるように，置かれた環境の中でさまざまな仕事に積極的に取り組み，その後，適切なタイミングを見計らって，それまでに培った人脈や専門性を踏まえて，1 つの山を登るように専門領域を選び，その頂を目指すというモデルである。

ここで Inkson（2007）も大久保（2010）も，急流下りのメタファーを用いているが，A 氏のボートによる漂流が指しているのは，決して急流下りではない。また，急流下りの際には，流れに巻き込まれないように自己をコントロールしていく必要があるが，A 氏の語るキャリアには，そのような様相はない。加えて，大久保のモデルでは，「筏下り」の後に「山登り」が設定され，それを達成して「天職」に至ることが奨励されているが，前述したように，A 氏はそのような天職といったゴールの存在を全く意図していない。

(3) 無執着と意欲との共存

上記したようなキャリアに対する A 氏の姿勢は，一見受動的で無為無策にも映る。しかしながら，A 氏は，次のように，現職における課題意識とそれへの意欲についても語っているのである。

> 最近みえてきたのが発達障害っていうかね，自分なりに生きにくさを感じている子なんかに，ずいぶんと惹かれるというか，(中略)小学校に入ってきたらその課題が見えてきて，子どもたちが楽になるようなことで自分は働いていきたいなっていう気持ちは入ってきてから出てきましたね，最近。多いですね，多いけどいろんな意味で苦しいんですよね。小学校の体制はそういう子たち向けにできてないんですよ。全校朝礼でビシッと「気をつけ」ってやれないと変だっていう気風があるんですよ。そんなとこでわけのわかんない話を聴くことが耐えられない子もいるんですね，普通の子が耳に入ってくる言葉でも一部の子は全部雑音に聞こえて苦痛になってくるような子もいるんで，そういうような子が楽にな

るといいなぁと思うようになりましたね。（中略）Bさんが F 市のお年寄りや子どもをこれをなんとかしなきゃって思っているのと同じようなことを，自分だったら，今の小学校は万全では全然なくて，あぁいう子たちにとってもっとありようを変えたほうがいい部分っていうのは，うんと学校の中にあるので，はやくもっと推進したいなって思いますね。

つまり，A 氏は発達障害などによって生きにくさを感じている子どもたちに共感し，寄り添っていくことや，そのような観点から学校教育のあり方を変革してくことが，自分にとっての課題になると語っているのである。そしてこの課題に向かう姿勢について，B 氏とのやりとりにおいて，次のように表現している。

[B 氏：特殊学級とか養護学級とかそっちの方向に？]
うん，たぶんそういう希望が出せるチャンスがあったらそういうふうにいっていくと思いますね，どこかで，養護学校の先生とかね。
[筆者：そういう話を聴いていると，やっぱりどっか運転してるかんじですねぇ]
あー，その話をしていると足がアクセルにちょっとかかっている感じはありますよね。
[B 氏：じゃぁ，また自分でハンドルを握るときが訪れるかもしれないですね]
あー，そうですねぇ，そうですねぇ。

天職に関する語りの分析で引用したように，〈今もあんまり運転していない〉〈気持ち的には明日から農業やれって言われても OK です〉と語っていた A 氏は，一方でこのように現在の課題意識を語り，しかもその課題への取り組みについて，〈足がアクセルにちょっとかかっている感じ〉とさえ語っている。つまり，現職にこだわっていないのに，課題への取り組みの意欲を見せているの

である。しかし，現職を離れてしまえば，A氏はこの課題を達成することはできないのだから，このことは矛盾しているとみられても当然である。

　しかしながら，このことを矛盾なく理解することも不可能ではない。A氏にとっては，課題が見いだされるようになっても，その課題の達成のためにその職に留まらなければならないわけではないのだと考えられるのではないだろうか。つまり，A氏にとって課題とは，そこにいるからこそ，その職にあるからこそ，そこに立ち現われてくるものであって，仮に別の職に移れば，そこでまた新たに立ち現われてくるものであり，そのときはそこでその新しい課題に取り組まなくてはならないものと認識されていると考えることができる。

　そう考えるなら，これこそまさに，先に大庭（2008）を引用して考察したように，A氏にとって働くこととは，自分から分離切断された，手段や目的の問題なのではなく，自分自身の本質あるいは本来性と連続する生きることと不可分の活動であるということにつながっている。すなわち，その認識とは「その職のために生きているのではなく，生きるためにその職についているのでもなく，生きているからその職についている」ということである。

(4) 漂泊の背景としての社会・文化

　一方，A氏がこのように語る漂泊について，B氏は次のように語っている。

> 私の場合は，結果的に漂泊のようになってますけど，まぁ悪くもないかな。つらいというか，根なし草のような不安みたいなのもあるけど，そういう生活とか生き方も実は嫌いじゃないから結果的にそうなっているのかなって。寅さん，好きですしね。

　本書では，第3章でも〈一定程度の充実感や安堵感を得ながらも，充実感があったりなかったり〉というB氏の「半定着性」について，B氏ならではの独自性であると考察した。この語りにもみられる〈根なし草のような不安〉〈そういう生活とか生き方も実は嫌いじゃないから結果的にそうなっている〉というある種のつかみどころのなさからは，上記のSullivan & Arthur（2006）に

第4章　「善財童子キャリア」に潜在する意味の検討

おける心の中の転職可能性としての psychological mobility とは異なる性質の存在が推測される。

　加えて，B氏は映画『男はつらいよ』の「寅さん」が好きだと語っているが，上記の老松（1997, pp.64-65）は，日本的な漂泊の象徴として『男はつらいよ』の寅さんをあげており[*32]，だからこそ寅さんは日本人に愛されるとしている[*33]。また，俳人の金子（1972）は『定住漂泊』という書の中で，種田山頭火の漂泊を取り上げて，「人にはさすらい感，漂泊の心性というものがある」と述べている。つまり，B氏が〈求めてやっているわけでもない〉と語る漂泊は，松尾芭蕉や種田山頭火の漂泊にも通底するような，日本の社会・文化的背景を持つものと考えることも不可能ではないのではないか。

(5) 両氏の漂泊の対称性

　ところで，筆者は，頻回転職における就業の順序において際立った対称性を有する両氏に対して，「もし，それぞれの初職が逆だったら（A氏は初職が現職である小学校教師だったら，B氏は初職が現職である畜産業だったら）どうなっていたと思うか？」をたずねた。これは，頻回転職に対する両氏の潜在的認識を，別の角度から解明するための1つの手がかりとして両氏に投げかけたものである。

　これについて，まず，A氏は次のように語る。

　　（初職が教師だったら）たぶん，そのまま先生だったかもしれませんね。で，ボスが死んだら私がどっか行かなきゃいけないって

[*32] この根拠の一例として，老松（1997, p.65）は精神科医としての臨床経験から，日本人であれば，心的なエネルギーの枯渇が著しい重篤な精神病患者でも，『男はつらいよ』なら楽に鑑賞できる（他の映画ではそうならない）ことをあげている。

[*33] 映画評論家の吉村（2005）は，日本の歴史上の実在の漂泊者がいかに「寅さん」という架空のキャラクターに結実していったかの論考を行い，上昇志向や管理には馴染まず自らは有用であることを主張しないものの，周囲の人々に対して「無用者の有用」を発揮する点を寅さんの特性として論じている。

いう状況はたぶんないし，私だって最初，農業やっていたときは毎日これが死ぬまで続くんだと思っていましたから，その感覚で（教師を）やっていたんじゃないかと思いますね。（中略）教員の世界っていうのは流れの強い，揚子江みたいな幅広いドドッとした流れですから，私自身がそれに乗ってしまえばあえてどこか探すことはないでしょうし。（中略）今は公教育の制度の中で自分もやっているのでその流れに乗っていますけど，気持ち的には明日から農業やれって言われても OK です。でもとくに何も言われないからそのまま流れにのってやっている。
［筆者：別にお誘いこないから先生をやっている……］
そうですね，最初から先生だったらたぶんずっと先生だったんじゃないかな。

また，B氏は次のように語る。

私は転職を繰り返す自信がありますね。逆にいえば長く続ける自信がないですね，たぶん。そこは間違いなさそうです。
［A氏：今は何年目でしたっけ？］
6年。
［A氏：じゃぁ，（自分と）同じですね］
今は経済的理由が8割方ですね，でも（自分がA氏が経験したような）システムエンジニアだったら，5・6年もできなかったかも。

ここで，A氏は就業の順序にかかわらず，やはり上述のような〈そのまま流れにのってやっている〉という認識を示し，それに対してB氏は，〈長く続ける自信がないですね〉と述べていて，そのあり方は，一見，異なっている。しかし両者ともに，このように異なるあり方ではあっても，その非自己主導性において，それぞれが漂泊の認識を有していると考えるべきである。

4.4 総合的考察

4.4.1 両氏の共通性（善財童子キャリアの内面的現実としての両氏に共通する認識のあり方）

ここまで，キャリアや転職に関する両氏の内面的現実を，天職と漂泊という対比的な2つの概念を手がかりに，さまざまな観点から描き，考察してきた。そのうちまず，両氏に共通する点，つまり，必ずしも両氏が同じように発話していなくても，両者で矛盾せず潜在的に共有されていると考えられる点についてまとめると次のようになろう。

両氏は「天職」に関心を持ちながらも，疑問を持っている。その基底には，「手段としての職」への疑念があり，職と生活あるいは職と自己については，「職を手段と見なさず」，「職をとおした『自己実現』という観念をほとんど持たず」，「職と自分とを分け隔てず」，「職－自分－生活の連続性」，言い換えれば「自己の本質や本来性と連続する職を意識」しながら，「生きることを中心に据えた職業観」を有している。また，職業上の課題やゴールという点では，「職に意欲を持ち課題を見いだしてもなお，その職にこだわらない」つまり，「無執着と意欲との共存」を見ることができること，そしてそもそも「職業上のゴールの存在を前提としない」ことがあげられる。さらに，転職や移動については，「転職等について非自己主導的である」こと，「安定した現職への無執着とそれゆえの一定の漂泊性を有している」ことがあげられる。このような認識は「職や転職について一般社会の既存通念の枠を超える」ものであるため，一般的な他者からはとらえどころが無いように見えることも外見的な特徴となる。

以上により，本章の目的である「善財童子キャリアで生きる人の，キャリアや転職に関する内面的現実の描き出し」をA氏とB氏の共通性に着目して試みた。

4.4.2 両氏の対称性

では両氏の対称性はどのように描くことができるのだろうか。その検討には，4.3.5の検討でも引用した，大庭（2008）の論考を用いることが有効である。

上記のように，A氏は，初職における農業生産活動から脱しながら，現在の課題として，発達障害児に寄り添う生き方や，そのための学校教育の変革の必要を語っており，むしろ人と人が関わる生き方への希求性を徐々に強めているように感じられる。これは，大庭（2008, p.242）が，「こうした連鎖の中での仕事の意味を考えるときには，そうしたいのち／生の連鎖の健やかさへの気づかい，育ちつつあるいのち，傷つけられたいのちへの気づかいもまた呼び起こされている」と述べていることと強く関連しており，これはつまり，生き方としての「人と人との共生」である。

それに対してB氏は，過去のたった一度の災害ボランティアの経験をきっかけに，農業的なキャリアにシフトしていき，発展途上国での2年間の農業指導の活動を含め，現在に至るまで，この第一次産業的な生産との直結への希求性を強めてきている。言い換えれば，B氏は，教職への希求性を徐々に薄めていき，生産と生活とが直結した生き方への希求性を強めていると考えることができる。これは大庭（2008）が，かつて生産は，穀物や家畜自身（すなわち，バイオ技術などによる再生産ではなく）の生命の再生産活動と，人間の生命の再生産活動（出産・家事・育児など）を含む生態系全体の中で，人と人との協業として行われていたとして，その意義を指摘していることや，モノの生産に参与すること（働くこと）と，自分たちの生命を維持し再生産すること（生きること）の一体性を重視していることと強く関連する。これはつまり，生き方としての，「生産と生活との生態学的な一体化」である。

4.4.3 善財童子キャリアモデルにおける両氏のキャリアの位置づけ

上記の検討をとおして，善財童子キャリアモデルに合致する両氏には，2つのキャリアの方向性が見いだせるといえるだろう。それはつまり，A氏の「人

と人との共生」の方向性と，B氏の「生産と生活との生態学的な一体化」の方向性である。

　もちろん，これとは逆に，A氏が，過去に職としていた農業について，現在でも〈気持ち的には明日から農業やれって言われても OK です〉と語っていることは，「生産と生活との生態学的な一体化」につながるし，B氏が，地域共同体の高齢者のために利他的な関わりを持っていることは，「人と人との共生」につながる。つまり両氏は，この 2 つの要因・側面のどちらかだけを排他的に有しているのではなく，その両方を同時に有している。そしてそれは，両氏がどちらも教職と畜産を経験していることなど，両氏のキャリアに共通する多くの側面を説明し得る。なぜならそれは，両氏の方向性を示すこの 2 つは，大庭（2008）の示すあるべき 1 つの姿の 2 つの側面であって，本来，相反する方向性ではないからである。

　つまり，善財童子キャリアモデルの状態像を共有する両氏は，大庭（2008）の示す「働く意味」についての考え方が内包する 2 つの側面のそれぞれを，それぞれの生き方の中で体現しているといえるだろう。

Column ❺

鶴屋南北・テレコ・質的研究

「テレコ」という，主に放送業界などで使われる言葉（一説には関西圏の方言）がある。何かをあべこべにした状態を指すが，元は「歌舞伎脚本で，2つの異なる筋を1つの脚本にまとめ，交互に筋を進行させること」（広辞苑）から生じた言葉らしい。歌舞伎評論家の山本（2003）によると，1825（文政8）年の鶴屋南北作『東海道四谷怪談』（つまり，"お岩さん"の怪談）の初演は，『仮名手本忠臣蔵』とテレコ上演された。幽霊話と忠義話には全く接点がないように思われるが，山本は，鶴屋南北がこの二作を単に並列的・対立的にみていたのではなく，「二つの芝居が渾然一体となって，複雑に絡み合ってお互いの世界の響きが共鳴し合う形になっている」ことに気づいていて意図的にテレコ上演という特別な形にしたのではないかと指摘している。

仮にそれを「テレコ性」と呼ぶならば，本書は2つのテレコ性からでき上がったといえる。1つ目は，筆者の中でのテレコ性である。本書では，第2章でA氏，第3章でB氏を取り上げた（原著の発表順もそうである）。しかし，実際にインタビューを実施した順番はB氏のほうが先であった。B氏の13回もの転職という，貴重で独自性のある経験からどのような研究的発見をしたらいいのか，筆者にはすぐにはわからなかったのである。それで，図書館に籠もって転職に関する古い文献を読み漁るという，逃避的行動に陥った時期もある（コラム2は，そのときの成果？の一部である）。ところが，そうこうしているうちに，B氏と逆の就業順序を辿ったA氏の存在を知り，インタビューを実施した。B氏のインタビューと図書館籠りのおかげで頭の中の土壌が整ったのか，A氏のインタビューはさほど間をおかず論文化することができた。そして，その後に改めてB氏のインタビューの論文化に着手したのである。そのときには「善財童子」がA氏とB氏の経験が共鳴するメタファーになりうるという感触もつかんでいた。筆者の中でA氏とB氏のインタビューはまさにテレコ性を有していたのである。

2つ目は，本書の構成におけるテレコ性である。舞台裏では上記のような経緯があったものの，著述の上では第2章と第3章は独立したストーリーであり，第2章のどこにもB氏は出てこないし，第3章のどこにもA氏は出てこない。それでも，たぶん，読者はさほど違和感なく第2章と第3章を読みつなぐことができるのではないだろうか。それは，（鶴屋南北には遠く及ばないが）筆者が両氏の経験にテレコ性を感知していたからだと今は思う。そして，第4章での2名の対話をとりあえずの着地点とすることができた。

もっとも，歌舞伎のテレコでは，最後に2つのストーリーの着地点を用意しない。お岩さんと大石内蔵助がいっぺんに登場しては支離滅裂になること必至だ。そう考えてみると，文芸作品の役割は，個別に完結する世界を描くことなのだろうと気づく。鶴屋南北はそれを打破して，一見個別であるものに共鳴を創り出そうとしたのかもしれない。そうだとすると，鶴屋南北がしようとしたことは，質的研究とかなり相通じているといえないだろうか。

終　章

「善財童子キャリア」モデルが問うもの

1　本書における発見

　本書は，序章で触れたように，転職研究における転職に対する「冷淡な傾向」（豊田・小泉，2007）を問題意識の出発点としていた。そして，転職者の特徴を際立って有していると考えられる頻回転職を理解するために，①海外の転職研究は転職と頻回転職をどのように位置づけてきたのか，②そもそも頻回転職の当事者は転職をどのように経験・認識しているのか，③「一企業キャリア」に対するアンチテーゼとして通用しうる頻回転職のキャリアモデルがあるとすれば，それはどのようなものなのか，④本書で提示するキャリアモデルにはどのような意義があるのか，という4つの問いを設定した。さて，その結果はどうなったか。まずは①～③の結果を確認しよう。

①転職研究は転職と頻回転職をどのように位置づけてきたのか
　第1章では，先行研究の流れを概観することで，次のようなことが明らかになった。すなわち，海外の研究でも，かつて転職は逸脱的行為とみなされてい

た。しかし，社会環境の変化に応じてその位置づけが徐々に変化し，現代では転職は主体的選択とみなされるようになった。また，最近の新しい潮流として，当事者の生活している社会的・文化的な環境を重視した頻回転職の研究が活発化している。これらの結果をとおして，わが国独自の心理－社会－文化的な文脈を取り入れた頻回転職の検討の必要性が明らかになった。

②**そもそも頻回転職の当事者は転職をどのように経験・認識しているのか**

　第2章では，心理－社会的な観点からの検討として，頻回転職者A氏のインタビューを分析した。その結果，「古典的な移行モデル」による「初職の選択時や就職した当初のアイデンティティ」というよりも，むしろ「頻回転職を経るプロセスの中で徐々に整備され構築されていくアイデンティティ」を想定することが妥当であることが明らかになった。

　第3章では，さらに文化的な背景も踏まえた検討として，頻回転職者B氏のインタビューを分析した。その結果，「職業観－生活と職の融和による人の本来性回復への希求」「地域移動に対するこだわりの無さ－地域移動を伴う転職の源泉としての『漂泊自我』」「個々の職における学びへの志向性－学びの旅としての頻回転職」という頻回転職に対する認識が明らかになった

③**「一企業キャリア」に対するアンチテーゼとして通用しうる頻回転職のキャリアモデルがあるとすれば，それはどのようなものなのか**

　第3章におけるB氏のインタビューの分析結果を総合的に検討し，善財童子キャリアモデルを構成した。その要件は，①転職が頻回であり，②その個々が社会的地位や賃金の上昇を第一に目指すものではなく，③それぞれの職においては誠実に人と関わり，④とりわけキャリア全般を通じて職を通じての学習性が高く，⑤これらの実現のためであれば遠距離でも地域移動をいとわない，⑥結果として，徐々にではあっても本人の内面的豊かさに資するものとなる，というものである。

　第4章では，善財童子キャリアモデルに合致するA氏とB氏のフォーカスブループの分析を行った。その結果，両氏の共通性として，転職等について非

自己主導的であること，安定した現職への無執着とそれゆえの一定の漂泊性を有していること，があることがわかった。また，両氏の対称性として，A氏は「人と人との共生」，B氏は「生産と生活との生態学的な一体化」という方向性があることがわかったが，これは相反するものではなく，"生態系全体の中での人と人との協業"という価値に内包されている二側面であると考えられた。

2 「善財童子キャリア」モデルの意義

以上の①〜③の結果を踏まえて導かれる「④本書で提示するキャリアモデルにはどのような意義があるのか」については，以下の3点があげられる。

第一に，一企業キャリアに対するアンチテーゼとしての意義である。これは，本書がもともと一企業キャリアに対するアンチテーゼの発見を問題意識としていたことに鑑みれば至極当然のことでもある。本書の発見からは，善財童子キャリアモデルに合致する人々は，一か所（一職場）に長年留まることを本来的に好まないらしいことがうかがえる。また，地位や賃金の上昇を第一に求めないという特徴があるため，日本的雇用システムが提供する終身雇用と年功賃金があまり強い魅力に感じられないのかもしれない。その意味で，善財童子キャリアモデルに合致する人々は，企業から見ると不可解で扱いにくい人々といえるだろう。繰り返すが，今までの転職研究では，そしておそらくは社会全体でも，そのような人々を「冷淡な傾向」で扱ってきた。

しかし，A氏とB氏を見てほしい。一企業キャリアには馴染まなくても，職業人として役割を果たし，家庭生活を営み，ゆっくりと自分の内面を充実させていっている人々なのである。そのような人々は，今までは単に「頻回転職者」とでも呼ぶしかなかった。本書の検討により，「善財童子キャリア」モデルという名前と構成要件が示されたことで，一企業キャリアとは異なる性質を有する1つの確固たるキャリアモデルとして位置づけることが可能になったと

考えられる。

　第二に，アメリカ発祥のキャリア理論の根底にある西洋近代的なindividuality（個人性）の最重視，つまり，「自分自身がキャリアの管理者になること」に対するアンチテーゼとしての意義である。もっとも，自分で自身のキャリアを管理すること自体は，さしあたり望ましいことだといえよう。歴史を俯瞰すれば，地縁・血縁による封建制の束縛をようやく脱して，個人が自由を獲得した時代に我々は生きているのである。誰もが"自分の思い描くようなキャリアを歩みたい"という要求や期待を持つことは当然のことのように思われる。第1章で見たアメリカの研究における転職に対する前向きな観点や，「天職」研究への発展もそのようなindividualityの最重要視から導かれた成果であるといえる。また，最近わが国でも巷間でしばしば見聞きする「良い転職は天職につながる」といった言説も，individualityの最重要視の流れを汲んでいると見ることができるだろう。

　しかし，これは裏返せば，「天職につながらない転職＝悪い転職」ということである。そして，その根底には，自分が思い描くキャリアを実現しない・できない人に対して，individualityを確立していない未熟な人間だとみなす観点が潜んでいる。ともすると，そのような観点は，人々を天職感や自己実現に常時駆り立て，それを獲得するための不断の努力を強いるような結果をも招きかねないのではないだろうか。つまり，転職が肯定的に見られるようになったといっても，それはindividualityによる管理能力を発揮すべき場が，「1つの職場」（一企業キャリア）から「複数の職場」（転職キャリア）に拡大したに過ぎないのかもしれない。individualityを最重要視している限り，転職をしても・しなくても，いずれにしても非常に強い自我（ego）が要求されるという点で何ら変わりはないのである。

　第1章で触れたナイジェリアの頻回転職について「カメレオンキャリア」を提唱したItuma ＆ Simpson（2006）は，Grey（1994）が示した「なるべき自己に向かう乗り物」としてキャリアをとらえる欧米の視点は，非欧米の国々のキャリアの理解には有効ではないとし，転職の理解にも社会や文化に根ざした

観点が必要であることを強調した。また，第3章で触れたように臨床心理学者の河合（1995）は，確固たる自我を前提とするindividualityには積極的で能動的な側面がある一方で，個人の豊かな独自性の発展を制限してしまう側面があると述べた。これらの指摘は非常に重要である。すなわち，individualityの最重要視のみ取り上げていると，わが国（あるいは，ある社会，ある文化）で生きる人々が潜在させている豊かな可能性，たとえば，一見不可解には映っても，実は社会全体にとって有用な働き（例：A氏における発達障害児に寄り添う生き方）をしようとする希望を持っていることなどは視野の外に置かれてしまう。今まで支配的であったアメリカ発祥のキャリアモデルが見逃していた有用な側面の発見に，善財童子キャリアモデルが内包する，一見受動的で依存的に映る華厳経的・仏教的なeachness（個別性：河合，1995）の観点が役立つ要素は少なくないのではないだろうか。

　第三に，今後の成熟社会における1つのキャリアモデルとしての意義である。わが国を含む先進国では，経済成長が飽和に達し，すでに低成長期に入っているとされる。そのような社会に関する主要な概念として，広井（2001, 2005）が示した「定常型社会」がある。同書によると，それは「経済成長を絶対的な目標としなくとも十分な豊かさが実現されていく社会」であり，そこでは「成長し続けなくてはならないという大前提にとらわれない豊かさの再定義」が必要になる。この指摘に即して考えてみるならば，一企業キャリアも，また，individualityの最重要視の発展形として生まれたアメリカの研究における天職概念も，「成長し続けなくてはならないという大前提」の上に築かれているといえないだろうか。

　それに対して，善財童子キャリアモデルは，かなり"スローな"あり方を提唱するものである。たとえば，第4章で述べたような，A氏の「人と人との共生」，B氏の「生産と生活との生態学的な一体化」というキャリアの方向性は，「成長し続けなければならないという大前提」からすると，非常に曖昧で非効率的なものに映るだろう。だからこそ，転職（とくに頻回転職）は予防・回避すべきものとして「冷淡な傾向」で研究上も解釈されてきたのだといえる。

しかし，広井（2015）は，科学・技術と資本主義の関係性の検討から，今後の社会について「工業化や情報化・金融化を中心とする拡大・成長の時代が"地域からの離陸"の時代だったとすれば，（コミュニティや自然を含む）"地域への着陸"という方向が今求められている」(p.190) と指摘している。この「（コミュニティや自然を含む）"地域への着陸"」というイメージは，A氏やB氏のキャリアのイメージと重なる。そう考えてみると，A氏もB氏も，むしろ時代の最先端を行く人々だとみることもできるのかもしれない。定常型社会において，私たちが，個人のキャリアや，職と生活の関係性をどのように「豊かに」築くのか，そのためのモデルはまだ十分に提案されているわけではない。本書は，その検討のための1つの手がかりとして，善財童子キャリアモデルを提起したい。

3　今後の課題

　しかし，改めて言うまでもなく，善財童子キャリアモデルのみですべての転職キャリアの姿を説明できるわけではない。いくつかの課題が残されている。
　第1章でも触れたように，社会的に不利な条件を抱えた人々のやむを得ない選択肢としての転職も確かに存在する。たとえば，池上（2018）のルポルタージュが報告しているような，家族の機能不全や不登校，勤務先の経営状態の悪化などの複合的要因から，「社会のレール」から遮断されてしまった結果として頻回転職をせざるをえない人々がいることは決して無視できない。
　また，本書では，頻回転職に関する長期的プロセスを追う必要性から，結果的に，いわゆるバブル経済期の終盤に初職に就いたA氏とB氏をインタビューとした。しかし，彼らよりも若い世代の転職については，異なる社会的背景がある可能性もある。たとえば，自律的キャリア形成を迫る近年の産業界の要請に影響され，就労前から転職を視野に入れたキャリアプランを描く「ゆとり世代」の人々が増えているという指摘（福島，2017）はその一例といえるだ

ろう。

　さらに，本書ではジェンダー要因を検討に含めなかったが，女性の頻回転職については，男性のそれとは異なる要素も含まれる。濱口（2015）が指摘するように，日本型雇用システムの下では，女性は，結婚や育児の「リスク」を抱える存在とされ，重要な業務から外されてきたことに加え，近年では非正規雇用の受け皿にもなっている。そのような経緯を踏まえると，女性の頻回転職に固有な性質の検討も今後の課題の1つになるだろう。

　このように，本書がとらえ切れなかったさまざまな転職キャリアの姿がある。ただし，だからといって，それらが善財童子キャリアモデルと無縁であるとは言い切れない。"社会のレールからの遮断""自律的キャリアを迫る産業界の要請""女性社員に固有のリスク"などの背景の下で，その人ならではの善財童子キャリアを歩んでいる人々は，実はかなりいるのではないかと筆者は考えている。

4　読者への問い：結びにかえて

　本書を締めくくるにあたり，読者に問いたいことがある。善財童子キャリアは，A氏とB氏の2名のみの語りから紡ぎ出されたキャリアモデルである。本書の序章では，質的研究の一般性は「比較可能性」と「翻訳可能性」によって実現するとして，以下のように述べた。

> したがって，本書の探究が質的研究としての一般性を実現しているかどうかは，次のような読者の実感によって評価される。すなわち，読者が研究者であれば，「そういえば，あの転職者の事例にも似たような要素がある」，また，読者がキャリアカウンセラーであれば，「あのときの転職者（クライエント）の発言は，こういうふうにとらえてみれば理解できる」。そして，読者自身が転

職者であれば,「あぁ,自分も同じだ」などと思ってもらえるかどうか,そこに本書の質的研究としての存在意義はかかっている。

　読者には身近な人たちを見渡していただきたい。あなたの周りにもきっと転職者がいるだろう。家族,友達,同僚,近所の人,趣味の仲間等々として。または,研究協力者,クライエント,教え子等々として。あるいは,あなた自身が転職者であるかもしれない。今ここで,「冷淡な傾向」をそっと脇に置いて,その人(または,あなた自身)のキャリアを曇りの無い視点でじっと見てほしい。そこに善財童子キャリアモデルの片鱗(あるいは,大部分,全部)を見つけることはできないだろうか。もし,あなたがそれを見つけることができたならば,本書は質的研究としての役目を十分に果たしたのだといえるだろう。

引用文献

■ 本書の原著論文

安藤りか（2010）職業選択とアイデンティティ達成の関係をめぐる試論―数回の転職経験がある小学校教師の語りの分析を通して　金城学院大学心理臨床研究, 9, 26-38.

安藤りか（2011）キャリアモデルの発展と転職観の変化　キャリアデザイン研究, 7, 199-212.

安藤りか（2014a）頻回転職の意味の再検討―13回の転職を経たある男性の語りの分析を通して　質的心理学研究, 13, 6-23.

安藤りか（2014b）「善財童子キャリア」モデルの深化のための検討―2人の頻回転職者の対話的語りの分析をとおして　名古屋学院大学論集（社会科学編), 50-4, 121-140.

■ A

阿部　昭（1999）江戸のアウトロー　講談社

安達智子（2009）フリーターのキャリア意識―彼らの考え方がいけないのか―　白井利明・下村英雄・川﨑友嗣・若松養亮・安達智子（著）　フリーターの心理学―大卒者のキャリア自立―　世界思想社　pp.32-53.

アイデム・人と仕事研究所（2008）天職に関するアンケート調査
https://apj.aidem.co.jp/upload/chousa_data_pdf/100/file.pdf（2014年12月1日閲覧）

網野善彦（1996）続・日本の歴史をよみなおす　筑摩書房

安藤りか（2015）大学におけるキャリア教育に対する批判について―再批判に向けた問題の整理―　名古屋学院大学論集（社会科学編），52-1, 133-147.

安藤りか（2017）大学におけるキャリア教育固有の専門性をめぐる試論―政策関連文書を用いた検討―　名古屋学院大学論集（社会科学編），53-3, 139-162.

新谷周平（2004）フリーター選択プロセスにおける道具的機能と表出的機能―現在志向・「やりたいこと」志向の再解釈―　社会科学研究, 55-2, 51-78.

Arnold, J., & Jackson, C.（1997）The new carr: Issues and challenges. *British Journal of*

Guidance and Counseling, 25-4, 427-434.

Arthur, M. B., Hall, D. T., & Lawrence, B. S.（1989）Generating new direction in career theory: The case of for transdisciplinary approach. In Arthur, M. B., Hall, D. T., & Lawrence, B. S.（Eds.）, *Handbook of Career Theory*. Cambridge University Press. pp. 7-25.

Arthur, M. B.（1994）The boundaryless career a new perspective for organizational inquiry. *Journal of Organizational Behavior, 15*, 295-306.

Arthur, M. B., & Rousseau, D. M.（1996）Introduction: The Boundaryless career as a new employment principle. In Arthur, M. B., & Rousseau, D. M.（Eds.）, *The Boundaryless Career*. Oxford University Press. pp. 3-22.

■ B

Barley, S. R.（1989）Careers, identities, and institutions: The legacy of Chicago school of sociology. In Arthur, M. B., & Rousseau, D. M.（Eds.）, *The Boundaryless Career*. Oxford University Press. pp.41-65.

Baruch, Y.（2004）Transforming careers: From liner to multidirectional career paths; organizational and individual perspectives. *Career Development International. 9-1*, 58-73.

Beck, L. C., Trombetta, W. L., & Share, S.（1986）Using focus group sessions before decisions are made. *North Carolina Medical Journal, 47-2*, 73-74.

紅谷博美・信原孝司・加藤匡宏（2002）社会的ひきこもりと転職を繰り返す青年への心理臨床　愛媛大学教育実践総合センター紀要，20, 149-154.

Blos, P.（1962）*On Adolescence: A psychoanalytic Interpretation*. Free Press of Glencoe.（ブロス，P.　野沢栄司（訳）（1971）青年期の精神医学　誠信書房）

Bridges, W.（1980）*Transitions*. Adison-Wesiey.（ブリッジズ，W.　倉光　修・小林哲郎（訳）（1994）トランジション―人生の転機―　創元社）

Briscoe, J. P., & Hall, D. T.（2006）The interplay of boundaryless and protean careers: combinations and implications. *Journal of Vocational Behavior, 69*, 4-18.

Buzzanell, P. M., & Goldzwig, S. R.（1991）Linear and nonlinear career models metaphors, paradigms, and ideologies. *Management Communication Quartely, 4-4*, 466-505.

■ C

Cardin, L. C., Bailly-Bender, A.-F., & de Saint-Giniez, V.（2000）Exploring boundaryless careers in the French context. In Peiperl, M., Arthur, M, B., Goffe, R., & Morris, T.（Eds.）, *Career Frontiers: New Conceptions of Working Lives*. Oxford University Press. pp. 228-255.

Cawsey, T., Deszca, G., & Mazerolle, M.（1995）The portfolio career as a response to a changing job market. *Journal of Career Planning and Employment, Fall*, 41-47.

陳　天璽（2009）現代移民の多様性：「Where is Home ?」から「Home Everywhere」へ―漂

泊する華僑・華人たちのネットワーク— 国立民族学博物館調査報, 83, 29-39.
Csikszentmihalyi, M.（1990）*Flow*. Harper & Row.（チクセントミハイ, M. 今村弘明（訳）（1996）フロー体験喜びの現象学　世界思想社）

■ D

Defillippi, R. J., & Arthur, M. B.（1994）The Boundaryless career: A competency-Based perspective. *Journal of Organizational Behavior, 15*, 307-324.

Dobrow, S. R.（2004）Extreme subjective career success: A new integrated view of having a calling. *Best Paper Proceedings of the Academy of Management Conference, New Orleans*.

Dobrow, S. R.（2007）The development of calling: A longitudinal study of musicians. *Best Paper Proceedings of the Academy of Management Conference, Philadelphia*.

Dobrow, S. R., & Tosti-Kharas, J.（2011）Calling: The development of a scale measure. *Personnel Psychology, 64-4*, 1001-1049.

DODA（2014）転職サービス「DODA（デューダ）」調べ 転職経験と成功率の関連性を調査 https://www.persol-career.co.jp/pressroom/news/research/2014/20140714_01/（2018年8月20日閲覧）

Driver, M. J.（1980）Career concepts and organizational change. In Derr, C. B.（Ed.）, *Work, Family, and the Career: New Frontiers in Theory and Research*. Praeger Publishers. pp. 5-17.

Duffy, R. D., & Dik, B. J.（2013）Research on calling: What have we learned and where are we going. *Journal of Vocational Behavior, 83-3*, 428-436.

■ E

El-Swad, A.（2005）Becoming a 'lifer'?: Unlocking career through metaphor. *Journal of Occupational and Organizational Psychology, 78*, 23-41.

遠藤康浩・大岸正樹・西村貴之・渡辺大輔（2007）滞留するフリーターのはたらきかた（明日を模索する若者たち：高卒3年目の分岐—「世界都市」東京における若者の〈学校から雇用へ〉の移行過程に関する研究三　教育科学研究, 22, 22-47.

Erikson, E. H.（1959）*Identity and life cycle*. International Universities Press.（エリクソン, E. H. 小此木啓吾（編訳）（1973）自我同一性—アイデンティティとライフサイクル—　誠信書房）

■ F

Fontana, A., & Frey, J. H.（2000）The interview: From structured questions to negotiated text. In N. K.Denzin & Y. S. Lincoln（Eds.）, *Handbook of Qualitative Research*（2nd ed）. Sage Publications. pp.645-672.（フォンタナ, A.・フレイ, L. H.（著）インタビュー：構造化

された質問から交渉結果としてのテクストへ　N. K. デンジン・Y. S. リンカン（編）平山満義（監訳）大谷　尚・伊藤　勇（編訳）（2006）質的研究ハンドブック3巻　質的研究資料の収集と解釈　北大路書房　pp.41-68.）
藤掛洋子（2009）インタビュー調査　青年海外協力隊員経験者達の社会貢献に関する考察―日本社会の課題解決における海外ボランティア活動の有効性の検証―　大阪大学大学院人間科学研究科国際協力論講座青年海外協力協会受託研究報告，34-55.
福島創太（2017）ゆとり世代はなぜ転職をくり返すのか―キャリア思考と自己責任の罠―　筑摩書房
古田榮作（2002）『華厳経』と教育（一）　大手前大学人文科学部論集，3, 33-65.

■ G

Gergen, K. J.（1991）*The Saturated Self: Dilemmas of Identity in Contemporary Life*. Basic Books.
Ghiselli, E. E.（1974）Some perspectives for industrial psychology. *American Psychologist, 29-2*, 80-87.
Ginzberg, E.（1952）Toward a theory of occupational choice. *The Vocational Guidance Journal, 30-7*, 491-494.
Grey, C.（1994）Career as project of the self and labor process discipline. *Sociology, 28-2*, 479-497.
Grzeda, M. M.（1999）Re-conceptualizing career change: A career development perspective. *Career Development International, 4*-6, 305-311.

■ H

灰谷健次郎（1974）兎の眼　理論社
Hall, D. T.（1976）*Careers in Organizations*. Scott Foresman & Co.
Hall, D. T.（2002）*Careers In and Out of Organizations*. Sage Publications.
Hall, D. T.（2004）The protean career: A quarter-century journey. *Journal of Vocational Behavior, 65*, 1-13.
Hall, D. T., & Chandler, D. E.（2005）Psychological success: When the career is a calling. *Journal of Organizational Behavior, 26*, 155-176.
浜田博文（2007）コメント　笠井恵美（著）（2007）対人サービス職の熟達につながる経験―小学校教諭・看護師・客室乗務員・保険営業の経験比較―　リクルートワークス研究所　pp.10-11.
　　http://www.works-.com/?action=pages_view_main&active_action=repository_view_main_item_detail&item_id=565&item_no=1&page_id=17&block_id=302（2012/10/25 閲覧）
濱口桂一郎（2015）働く女子の運命　文藝春秋

Handy, C.(1989)*The Age of Unreason.* Random House.
Handy, C.(1994)*The Empty Raincoat: Making Sense of the Future.* Hutchinson.
長谷川敬三(2005)カウンセラーが知っておくべき基本語彙　乾　吉佑・氏原　寛・亀口憲治・成田善弘・東山紘久・山中康裕(編)心理療法ハンドブック　創元社　p.542.
橋口昌治(2006)若年者の雇用問題と「やりたいこと」言説　コア・エシックス，2, 165-180.
橋本健二(1996)教育改革の基礎としての〈近代教育システム〉批判　季刊フォーラム教育と文化，3, 6-12.
波多野烏峰(1907)成功の順路　実業之日本社
Heslin, P. A.(2005)Conceptualizing and evaluating career success. *Journal of Organizational Behavior, 26*, 113-136.
ひろさちや(原作)・庄司としお(漫画)(1994)宇宙のお経・華厳経　鈴木出版
広井良典(2001)定常型社会─新しい「豊かさ」の構想─　岩波書店
広井良典(2005)「持続可能な福祉社会」の構想─定常型社会における社会保障とは─　会計検査研究，32, 169-180.
広井良典(2015)ポスト資本主義　科学・人間・社会の未来　岩波書店
Holland, J. L.(1973)*Making Vocational Choices: A Theory of Careers.* Prentice-Hall.
本田由紀(2005)若者と仕事　東京大学出版会
堀　有喜衣(2004)無業の若者のソーシャル・ネットワークの実態と支援の課題　日本労働研究雑誌，533, 38-48.

■I

出原節子(2003)海外留学相談業務からみた留学の現状　富山大学留学生センター紀要，2, 25-32.
飯島佐和子・賀沢弥貴・平井さよ子(2008)自己効力感および職業レディネスによる看護大学生の看護管理実習の効果の評価に関する研究　愛知県立大学紀要，14, 99-18.
飯牟礼悦子(2007)「当事者研究者」の流儀─2.5人称の視点をめざして　宮内　洋・今尾真弓(編著)あなたは当事者ではない─〈当事者〉をめぐる質的心理学研究─　北大路書房　pp.111-122.
池田　功(1999)石川啄木と旅─漂泊への衝動─　明治大学教養論集，317, 1-34.
池上正樹(2018)ルポ　ひきこもり未満─レールから外れた人たち─　集英社
今津孝次郎(1979)教師の職業的社会化(1)　三重大学教育学部紀要，39-4, 17-24.
Inkson, K.(2007)*Understanding Careers: The Metaphors of Working Lives.* Sage Publications.
Ituma, A., & Simpson, R.(2006)The chameleon career: An exploratory study of the work biography of information technology works in Nigeria. *Career Development International, 11-1*, 48-65.

岩瀬真須美（2011）「華厳経」における善財童子にみる自己形成観　岩瀬真須美（著）人間形成における「如来蔵思想」の教育的道徳的意義　国書刊行会　pp.82-98.
岩田正美（2007）現代の貧困―ワーキングプア・ホームレス・生活保護―　筑摩書房

■ K
鎌田茂雄（1988）華厳の思想　講談社
金井篤子・三後美紀（2004）高校生の進路選択過程の心理学的メカニズム―自己決定経験とキャリア・モデルの役割―　寺田盛紀（編著）キャリア形成・就職メカニズムの国際比較―日独米中の学校から職業への移行過程―　晃洋書房　pp.23-37.
金井壽宏（2002）働くひとのためのキャリアデザイン　PHP 研究所
金井壽宏（2003）プロローグ―キャリアの問題は他人事ではない―　金井壽宏（編著）会社と個人を元気にするキャリア・カウンセリング　日本経済新聞社
金子兜太（1972）定住漂泊　春秋社（ただし，本文への引用部分は 2006 年 09 月 13 日付けの asahi.com「ニッポン人脈記」『出世を拒絶 さすらう心』での加藤明によるインタビュー）
　　http://www.asahi.com/jinmyakuki/TKY200609130264.html（2014.1.31 閲覧）
笠原　嘉（1988）退却神経症　講談社
笠原　嘉（2002）アパシー・シンドローム　岩波書店
笠井恵美（2007）対人サービス職の熟達につながる経験―小学校教諭・看護師・客室乗務員・保険営業の経験比較―　リクルートワークス研究所
　　http://www.works-.com/?action=pages_view_main&active_action=repository_view_main_item_detail&item_id=565&item_no=1&page_id=17&block_id=302（2012/10/25 閲覧）
加藤一郎（2004）語りとしてのキャリア―メタファーを通じたキャリアの構成―　白桃書房
Kanchier, C., & Unruh, W. R.（1989）Factors influencing career change. *International Journal for the Advancement of Counseling, 12*, 309-321.
河合隼雄（1999）「日本人」という病　潮出版社
河合隼雄（1995）ユング心理学と仏教　岩波書店
河合隼雄（2003）解説 華厳経の魅力　海音寺潮五郎（著）人生遍路華厳経　河出書房新社　pp.27-223.
木村清孝（2014）さとりへの道―華厳経に学ぶ―　NHK 出版
金　文京（2003）『西遊記』の魅力　財団法人懐徳堂記念会（編）中国四大奇書の世界―『西遊記』『三国志演義』『水滸伝』『金瓶梅』を語る―　pp.1-37.
紀野一義（1967）遍歴放浪の世界　日本放送出版協会
小嶋秀夫（2001）心の育ちと文化　有斐閣
小杉礼子（2010）非正規雇用からのキャリア形成―登用を含めた正社員への移行の規定要

因分析から─　日本労働研究雑誌，602, 50-59.
厚生労働省（2017）新規学卒就職者の離職状況
　　https://www.mhlw.go.jp/stf/seisakunitsuite/bunya/0000137940.html（2018年8月20日閲覧）
厚生労働省職業安定局（2014）「大卒者等のインターネットを通じた就職活動に関する調査」結果
久木元真吾（2009）若者の大人への移行と「働く」ということ　小杉礼子（編著）若者の働きかた　ミネルヴァ書房　pp.202-222.
Kwee, M. G. T.（2008）The social construction of a new buddhist psychology: A tribute in memory of Michael J. Mahone. *Constructivism in the Human Science, 12*, 1&2, 147-171.

■ L

Lawrence, B. S.（1980）The myth of the midlife crisis. *Sloan Management Review, 21-4*, 35-49.
李　永俊（2007）青森県の若年労働市場における反復求職の背景　弘前大学人文社会論叢　社会科学編，18, 143-154.
Lee, T. W., & Mitchell, T. R.（1991）The unfolding effects of organizational commitment and anticipated joa satisfaction on voluntary employee turnover. *Motivation and Emotion, 15-1*, 99-121.
Levinson, D. J.（1978）*The Season of a Man's Life*. Sterling Lord agency.（レビンソン，D. J.　南　博（訳）（1992）ライフサイクルの心理学　講談社）
Louis, M. R.（1980）Toward an understanding of career transitions. In Derr, C. B.（Ed），*Work, Family, and the Career: New Frontiers in Theory and Research*. pp.200-218.
Lutz, T.（2006）*Doing Nothing: A History of Loafers, Loungers, Slackers, and Bums in America*. Farrar Straus Giroux.（ルッツ，T.　小澤英実・篠儀直子（訳）（2006）働かない─「怠けもの」と呼ばれた人たち─　青土社）

■ M

Mainiero, L. A., & Sullivan, S. E.（2006）*The Opt-Out Revolt: Why People Are Leaving Companies to Create Kaleidoscope Career*. Davis-Black.
Mallon, M.（1999）Going "portfolio": Making sense of changing careers. *Career Development International, 4-7*, 358-369.
Maslow, A. H.（1954）*Motivation and Personality*（2nd ed.）. Harper & Row.（マズロー，A. H.　小口忠彦（訳）（1987）人間性の心理学〈改定新版〉　産業能率大学出版部）．
松田英子（2010）発達障害傾向を有し，転職を繰り返す社会恐怖事例に対する社会スキル訓練とREBT法の適用　現代のエスプリ，525, 137-145.
McCabe, V. S., & Savery, L. K.（2007）"Butterflying" A new career pattern for Australia? Empirical evidence. *Journal of Management Development, 26-2*, 103-116.

Mirvis, P. H., & Hall, D. T.（1996）Psychological success and the boundaryless career. In Arthur, M. B., & Rousseau, D. M.（Eds）, *The Boundaryless Career.* Oxford University Press. pp. 237-255.
見田宗介（2008）まなざしの地獄―尽きなく生きることの社会学―　河出書房新社
宮下一博ら（1984）外国（ことに米国）における同一性研究の展望4　職業的同一性に関する研究　鑪　幹八郎・山本　力・宮下一博（編）アイデンティティ研究の展望I　ナカニシヤ出版　p.155.
Mordi, C., Simpson, R., Singh, S., & Okaform, C.（2010）The role of cultural values in understanding the challenges faced female entrepreneurs in Nigeria. *Gender in Management: an International Journal, 25-1,* 5-21.
守本順一郎（1985）徳川時代の遊民論　未來社
守島基弘（2001）転職経験と満足度―転職ははたして満足をもたらすのか―　猪木武徳・連合総合生活開発研究所（編著）「転職」の経済学　東洋経済新報社　pp.141-165.
村上　護（2006）俳諧と漂泊―芭蕉から山頭火まで―　神奈川大学評論, 55, 34-41.
松村　明（監修）（1998）大辞泉　小学館
室山晴美（2006）職業レディネス・テスト〈第3版〉の開発　職業研究 2006, 48-53.
Myers, M. D（2013）*Qualitative Research in Business and Management.* Sage Publications.

■ N

永田岳淵（1906）新時代之青年　実業之日本社
内閣府（2006）平成18年度版国民生活白書―多様な可能性に挑める社会に向けて―
中島由恵（2011）用語解説　エリクソン, E. H.（著）西平　直・中島由恵（訳）アイデンティティとライフサイクル　誠信書房　pp.220-228.（Erikson, E, H.（1959/1980）*Identity and the Life Cycle.* W. W. Norton & Company）
中島由佳（2011）大卒女子入職者の初期適応の規定因―目標達成志向および情緒的適応の観点からの縦断調査―　教育心理学研究, 59-4, 402-413.
中西　進（1978）漂泊―日本的心性の始原―　毎日新聞社
中野美代子（訳）（2005）西遊記（五）〈改版第1刷〉　岩波書店
中澤高志・由井義通・神谷浩夫・武田祐子（2008）海外就職の経験と日本人としてのアイデンティティ―シンガポールで働く現地採用日本人女性を対象に―　地理学評論, 81-3, 95-120.
並河　亮（1978）ボロブドール―華厳経の世界―　講談社
日本労働研究機構（2000）フリーターの意識と実態―97人へのヒアリング結果より―　調査研究報告書　p.136.

■ O

尾高邦雄（1995）仕事への奉仕〈尾高邦雄選集　第二巻〉　無窓庵

引用文献

大庭　健（2008）いま，働くということ　筑摩書房
大久保幸夫（2010）日本型キャリアデザインの方法―「筏下り」を経て「山登り」に至る14章―　日本経団連出版
老松克博（1997）漂泊する自我―日本的意識のフィールドワーク―　新曜社
老松克博（1999）スサノオ神話でよむ日本人―臨床神話学のこころみ―　講談社
沖浦和光（2004）幻の漂泊民・サンカ　文藝春秋
沖浦和光（2007）旅芸人のいた風景―遍歴・流浪・渡世―　文藝春秋
大根田充男・望月葉子・中島史明（2003）高校生の職業生活設計―10年の変化―　宇都宮大学教育学部教育実践総合センター紀要，26, 195-204.
大渕憲一（2005）対人葛藤における消極的解決方略―新しい対人葛藤スタイル尺度の開発に向けて―　東北大学文学研究科研究年報，55, 1-78.
大西紀子（2004）補償　氏原　寛・亀口憲治・成田善弘・東山紘久・山中康浩（編）心理臨床大事典〈改訂版〉　培風館　p.1090.
大阪市社会部（1987）勤続者とその略歴　南　博（責任編集）近代庶民生活誌⑦生業　三一書房　pp.13-56.
大谷　尚（1997）教育工学からみた質的授業研究　平山満義（編）質的研究法による授業研究―教育学・教育工学・心理学からのアプローチ―　北大路書房　pp.123-181.
大谷　尚（2008a）4ステップコーディングによる質的データ分析手法SCATの提案―着手しやすく小規模データにも適用可能な理論化の手続き―　名古屋大学大学院教育発達科学研究科紀要（教育科学），54-2, 27-44.
大谷　尚（2008b）質的研究とは何か―教育テクノロジー研究のいっそうの拡張をめざして―　教育システム情報学会誌，25-3, 340-354.
大谷　尚（2011）SCAT: Steps for Coding and Theorization ―明示的手続きで着手しやすく小規模データに適用可能な質的データ分析手法―　感性工学，10-3 ,155-160.
大谷　尚（2013）医療コミュニケーションへのアプローチと質的研究手法の機能と意義　石崎雅人・野呂幾久子（監修）これからの医療コミュニケーションへ向けて　篠原出版新社　pp.32-51.
大谷　尚（2016）質的研究とは何か―実践者に求められるその本質的で包括的な理解のために―　学校健康相談研究，13-1, 2-13.
大谷　尚（2017）質的研究はどのように進めればいいか―しばしばなされる質問にもとづいたいくつかの具体的なガイド―　学校健康相談研究，14-1, 4-12.
大谷哲弘・木村諭史・藤生英行（2011）職業選択動機尺度作成の試み　発達心理臨床研究，17, 131-139.
大塚映美・松本じゅん子（2007）災害救援者の二次受傷とメンタルヘルス対策に関する検討　長野県看護大学紀要，9, 19-27.
小沢一仁（1991）青年と社会　山添　正（編著）心理学からみた現代日本人のライフサイ

クル―生涯発達・教育国際化― ブレーン出版 pp.165-221.

■P

Parrinder, G.（1967）*African Mythology*. Hamlyn Publishing.（パリンダー, G. 松田幸雄（訳）（1991）アフリカ神話 青土社）

Parsons, F.（1909）*Choosing a Vocation*. Houghton Mifflin Company.

Parsons, T., & Bales, R. F.（1956）*Family socialization and interaction process*. Routledge.（パーソンズ, T.・ベールズ, R. F. 橋爪貞雄・溝口謙三・高木正太郎・武藤孝典・山村賢明（訳）（2001）家族 黎明書房）

Phillips, S. D., & Jome, L. M.（2005）Vocational choices: What do we know? What do we need to know? In Walsh, W. B., & Savickas, M. L.（Eds.）, *Handbook of Vocational Psyhology: Theory, Research, and Practice*（3rd ed.）. Lawrence Erlbaum Associate Publishers.

Price, J. L.（1977）*The Study of Turnover*. Iowa: The Iowa State University Press.

■R

Rhodes, S. R., & Doering, M.（1983）An integrated model of career change. *Academy of Management, 8-4*, 631-639.

リクナビ NEXT（2017）採用実態調査
https://next.rikunabi.com/tenshokuknowhow/archives/5883/（2018 年 8 月 20 日閲覧）

リクルートワークス研究所（2018）全国就業実態パネル調査 2018 データ集 リクルートワークス研究所

Robinson, D. F., & Miner, A. S.（1996）Careers change as organizations learn. In Arthur, M. B., & Rousseau, D. M.（Eds.）, *The Boundaryless Career*. Oxford University Press. pp.76-94.

Rosenbaum, J. E.（1979）Tournament mobility: Career patterns in a corporation. *Administraives. Science Quarterly, 24-2*, 220-241.

■S

坂井敬子（2007）転職理由が現職の well-being に及ぼす影響―成人前期（25-39 歳）転職経験者を対象にした検討― 中央大学大学院研究年報, 36, 119-126.

桜井芳生（2004）「就活」の社会学に向けて―「就活ゼミ」という参与観察からみえてきたこと／「ポスト入試社会」における「新しい通過儀礼」― 鹿児島大学法文学部紀要人文学科論集, 60, 25-43.

Salami, S. O.（2008）Roles of personality, vocational interests, academic achievement and socio-cultural factors in educational aspirations of secondary school adolescents in southwestern Nigeria. *Career Development International, 13-7*, 630-647.

佐藤 香（2004）JGSS-2002 にみる働きかたの多様化・雇用条件・職業観 日本版 General

Social Surveys 研究論文集 3 ― JGSS で見た日本人の意識と行動― 　東京大学社会科学研究所　pp.109-120.
Savickas, M. L.（2000）Renovatin the psychology of career for the twenty-first century. In Collin A., & Young, R. A.（Eds.）, *The Future of Career.* Cambridge University Press. pp.53-68.
Schein, E. H.（1978）*Career Dynamics: Matching Individual and Organizational Need.* Addison-Wesley Publishing Company.（シャイン，E. H.　二村敏子・三善勝代（訳）（1991）キャリア・ダイナミクス―キャリアとは生涯を通しての人間の生き方・表現である―　白桃書房）
Schein, E. H.（1990）*Career Anchors: Discover Your Real Vision-Value*（revised ed.）. Jossey-Bass/Pfeiffer.（シャイン，E. H.　金井壽宏（訳）（2003）キャリア・アンカー―自分のほんとうの価値を発見しよう―　白桃書房）
下村英雄（1998）大学生の職業選択における決定方略学習の効果　教育心理学研究，46-2, 193-202.
下山晴彦（1983）高校生の人格的発達状況と進路決定との関連性についての一研究　教育心理学研究，312, 56-61.
下山晴彦（1986）大学生の就職未決定の研究　教育心理学研究，34, 20-30.
Simpson, J. A., & Weiner, E .S. C. (1989) *The Oxford English Dictionary* (2nd ed.) Vol. 2. Oxford: Clarendon Press.
篠田知和基（2001）サルタヒコとディオニュソス，そしてエジプトの猿神　鎌田東二（編著）サルタヒコの旅　創元社　pp.36-57.
白井利明（2002）大学から社会への移行における時間的展望の再編成に関する追跡的研究（Ⅳ）―大卒5年目における就職活動の回想―　大阪教育大学紀要第Ⅳ部門　51-1, 1-10.
総合佛教大辞典編集委員会（2005）総合佛教大辞典　法蔵館　p.848.
菅　龍一（1981）善財童子ものがたり（1）わし，学校に行きとうない（2）生きていてよかった（3）大統領の涙　偕成社
Sullivan, S. E., & Arthur, M. B.（2006）The evolution of the boundaryless career concept: Examining physical and psychological mobility. *Journal of Vocational Behavior, 69,* 19-29.
Sullivan, S. E., Forret, M. L., Carrraher, S. M., & Mainiero, L. A.（2009）Using the kaleidoscope career model to examine general differences in work attitudes. *Career Development International, 14-3,* 284-302.
Super, D. E., & Bohn, M. J. Jr.（1970）*Occupational Psychology.* Wadsworth Publishing Company.（スーパー，D. E.・ボーン，M. J.　藤本喜八・大沢武志（訳）（1973）企業の行動科学6　職業の心理　ダイヤモンド社）

■T

田所　弘（2001）見直された聖域・東大寺大仏史　文芸社
高橋弘司・渡辺直登（1995）働く女性の離転職意思の決定要因　経営行動科学，10, 55-66.
高澤健司（2004）大学生から社会人への移行期における職業意識の変化　日本青年心理学会第12回大会発表論文集，76-77.
武田圭太（1984）中年期の転職―キャリア発達的観点からの若干の考察―　慶応義塾大学大学院社会学研究科紀要，24, 35-44.
武田圭太・南　隆男（1987）男子大卒者の初期キャリア発達―適職観（Feeling of Vocational Sutability）の掲示的変化の検討をとおして―　哲學，84, 227-241.
田中雅子（2007）転職リピーターの労働志向　SSJDA リサーチペーパーシリーズ，36, 21-36.
Tanova, C., Karatas-Özkan, M., & Inal, G.（2008）The process of choosing a management career: Evaluation of gender and contextual dynamics in a comparative study of six countries: Hungary, Israel, North Cyprus, Turkey, UK and the USA. *Career Development International, 13-4*, 291-305.
太郎丸博（2006）社会移動とフリーター―誰がフリーターになりやすいのか―　太郎丸博（編）フリーターとニートの社会学　世界思想社　pp.38-48.
鉄島清毅（1993）大学生のアパシー傾向に関する研究―関連する諸要因の検討―　教育心理学研究，41-2, 200-208.
Thomas, K. W., & Kilmann, R. H.（1974）*The Thomas-Kilmann conflict mode instrument*. Xicom.
豊田義博・小泉静子（2007）「良質な流動化」は生まれているか―転職から労働市場の構造変化を探る―　*Works Review, 2*, 36-49.
土川隆史（1999）青年期の発達課題とその病理―青年を生きることの不安と困惑―　中日新聞社
鶴見和子（1977）漂泊と定住と　筑摩書房

■U

Usui, S.（2007）The concept of pilgrimages in Japan. In del Alisal, M. R., Ackermann, P., & Martinez, D.（Eds.）, *Pilgrimages and Spiritual Quests in Japan*. Routledge. pp. 27-38.

■V

Vaillant, G.（1977）*Adaption to Life*. Little Brown.
Vaitenas, Y., & Wiener, Y.（1977）Developmental, emotional, and interest factors in voluntary mid-career change. *Journal of Vocational Behavior, 11*, 291-304.
Valde, G. A.（1996）Identity closure: A fifth identity status. *Journal of Genetic Psychology, 157-3*, 245-254.

Vaughn, S., Schumm, J.S., & Sinagub, J.（1996）*Focus Group Interviews in Education and Psychology*. Sage Publications　（ヴォーン，S.・シナグブ，J.・シューム，J. S.　井下　理（監訳）田部井　潤・柴原宜幸（訳）（1999）グループインタビューの技法　慶應義塾大学出版会）

■ W

若林　満（1983）職業レディネスと職業選択の構造─保育系，看護系，人文系女子短大生における自己概念と職業意識との関連─　名古屋大学教育学部紀要，30, 63-98.

若林　満（2006）組織内キャリア発達とその環境　経営行動科学，19-2, 77-108.

渡辺三枝子（2007）序章 キャリアの心理学に不可欠の基本　渡辺三枝子（編著）新版キャリアの心理学─キャリア支援への発達的アプローチ─　ナカニシヤ出版　pp.1-22.

渡辺聰子（2015）グローバル化の中の日本型経営─ポスト市場主義の挑戦─　同文舘出版

Weber, M.（1920）*Die Protestantische Ethic und der Geist des Kapitalismus*. J. C. B. Mohr.（ウェーバー，M.　中山　元（訳）（2010）プロテスタンティズムの倫理と資本主義の精神　日経 BP 社）

Wickramasinghe, V., & Jayaweera, M.（2010）Impact of career plateau and supervisory support on career satisfaction: A study in offshore outsourced IT firms in Sri Lanka. *Career Development International, 15-6*, 544-561.

■ Y

やまだようこ（2011）「発達」と「発達段階」を問う─生涯発達とナラティブ論の視点から─　発達心理学研究，22-4, 418-427.

山本　寛（2008）転職とキャリアの研究〈改訂版〉─組織間キャリア発達の観点から─　創成社

山本吉之助（2003）「四谷怪談」から観た「忠臣蔵」～「東海道四谷怪談」
　　ウェブサイト：歌舞伎素人講釈
　　http://www.kabukisk.com/sakuhin76.htm（2018 年 8 月 20 日閲覧）

山﨑準二（2002）教師のライフコース研究　創風社

湯浅　誠（2008）反貧困─「すべり台社会」からの脱出─　岩波書店

横山紘一（2008）十牛図入門─「新しい自己」への道─　幻冬舎

吉村英生（2005）「寅さん」の源流をさぐる　実業之日本社

■ Z

Zunker, V.（1990）*Career counseling: Applied concepts of life planning*（3rd ed.）. Cole Publishing Company.

人名索引

▶ A
安達智子　36
網野善彦　84
新谷周平　86
Arthur, M. B.　22, 110, 114

▶ B
Blos, P.　48
Bridges, W.　46
Briscoe, J. P.　26

▶ C
Cardin, L. C.　28
Chandler, D. E.　24, 25
Csikszentmihalyi, M.　51

▶ D
Dik, B. J.　100
Dobrow, S. R.　100
Driver, M J.　19
Duffy, R. D.　100

▶ E
Erikson, E. H.　39, 41, 49, 56, 62, 91

▶ G
Gergen, K. J.　88, 91

▶ H
濱口桂一郎　127
Hall, D. T.　23-26, 89, 100
橋本健二　85
広井良典　125
Holland, J. L.　18
本田由紀　41

▶ I
今津孝次郎　73
Inkson, K.　31, 111, 112
Ituma, A.　30, 33, 89, 124

▶ K
金井篤子　53
金井壽宏　108, 109
笠原　嘉　50, 72, 76
加藤一郎　43, 52, 59, 60
河合隼雄　91, 92, 125
小泉静子　2
小嶋秀夫　56
久木元真吾　40

▶ L
Levinson, D. J.　18, 59

▶ M
Maslow, A. H.　79

143

▶ O

大庭　健　　　105, 107, 114, 118, 119
尾高邦雄　　　107
老松克博　　　86, 110, 115
沖浦和光　　　90, 101
大久保幸夫　　111, 112
大谷　尚　　　6, 7, 97

▶ P

Parsons, F.　　17

▶ R

Rosenbaum, J. E.　　16
Rousseau, D. M.　　22

▶ S

三後美紀　　　53
Schein, E. H.　　19, 78

Simpson, R.　　30, 33, 89, 124
Sullivan, S. E.　　29, 33, 110, 114
Super, D. E.　　17

▶ T

武田圭太　　　14, 42, 83
Tosti-Kharas, J.　　100
豊田義博　　　2
土川隆史　　　72

▶ W

若林　満　　　65, 75
渡辺三枝子　　1, 91

▶ Y

やまだようこ　　36
山本　寛　　　14, 34
山﨑準二　　　60, 74

144

事項索引

▶あ ─────
アイデンティティの定義　40
定住自我　87
安全の欲求　79

▶い ─────
「筏下り－山登り」モデル　111
一企業キャリア　1, 2, 122-124
インタビューの形式　69

▶う ─────
『兎の眼』　90, 93

▶お ─────
『男はつらいよ』　115

▶か ─────
海外協力隊への参加動機　80
概念的枠組み　8, 9
学校経由の就職　41, 42, 44, 47, 55, 64
カメレオンキャリア　30, 31, 89, 124
カレイドスコープキャリア　29, 31

▶き ─────
キャリア～
　キャリア・アンカー　78
　キャリア教育科目　66

キャリア教育元年　66
キャリア・コンセプ・モデル　19
キャリアデザイン　66
キャリアドリフト　108
キャリアの定義　1
キャリアノマド　28, 31
キャリア・パースペクティブ　54
キャリア・ミスト　52
教職の特性　75

▶け ─────
華厳経　89, 90
現役教師のライフコース　74

▶こ ─────
肯定的就業リアリティ（positive working reality）　65
個人性　92, 124
古典的な移行モデル　40, 41, 43, 64
個別性　91, 92
コミュニティや自然を含む"地域への着陸"　126

▶さ ─────
サクセスストーリー　59
三重の分離　85
30歳の過渡期　59

145

▶し ───

自我(ego)　92, 124
自我理想　48, 57
質的研究　4, 5
質的研究の〜
　一般性・普遍性　6, 7
　認識論　6
　比較可能性　7, 127
　翻訳可能性　7, 127
失敗物語　88
地元つながり文化　86
社会のレール　126
シューカツ(就活)　90
巡礼　90
職業レディネス　54, 65
職と生活の不可分性　84
女性の頻回転職　127
心理的移動性　110

▶す ───

スキャット(SCAT)　5, 6, 8
スチューデント・アパシー　50, 72

▶せ ───

成功する転職　36
成功物語　88
生産と生活との生態学的な一体化　118, 119, 123, 125
西洋近代　91, 124
全国就業パネル調査　2
善財童子　89, 91
善財童子キャリア　91, 92

▶そ ───

組織の三次元モデル　19

▶た ───

退却神経症　76
タイト・ストーリー　43, 59, 63
多重転職　34
旅　88
多方向キャリア　21

▶て ───

定常型社会　125
適職感　83
転機(transition)　46
天職　83, 99, 100, 103, 107, 109, 110, 112, 117
転職の定義　1, 13
転職リピーター　34

▶と ───

十牛図　53
トライアンギュレーション　69
「寅さん」　115

▶な ───

ナーチュランス(nurturance)　56
ナラティブ(語り)の形式　88
なるべき自己に向かう乗り物　30, 124

▶に ───

二分法的な問い　105
日本的な自我　87
ニューキャリア　21

▶は ───

バウンダリーレスキャリア　21, 22, 110
バタフライプログレス　30, 31

反復求職者　35

▶ひ

比較可能性　7
被災地ボランティア　79
非線形キャリア　21
人と人との共生　118, 119, 123, 125
漂泊　26, 99, 101, 102, 110
漂泊自我　86, 88, 122
漂泊者に該当する英語　101
頻回転職の定義　3, 12

▶ふ

フォーカスグループ　97, 98
物理的移動性　110
古いものを捨て去ること（unlearning）
　46
フロー体験　51
プロジェクト　105, 106
プロティアンキャリア　21, 23

▶ほ

ポートフォリオキャリア　28
補償　78
翻訳可能性　7

▶め

メタファー　31, 43, 89

▶や

役割実験　49

▶ゆ

ゆとり世代　126

▶よ

欲求段階説　79

▶り

リアリティ・ショック　65, 75
量的研究　5

▶る

ルース・ストーリー　43, 60, 63

▶れ

冷淡な傾向　2, 123

▶わ

ワークライフバランス　84, 107

▶欧文

eachness　92, 125
ego　92, 124
hobo-syndrome　102
individuality　91, 92, 125
positive working reality　65
SCAT　5, 6, 8
transition　46
unlearning　46, 65
nurturance　56

あとがき

　本書は，2015年に名古屋大学に提出した学位請求論文「現代における転職の意味の探究―善財童子キャリアモデルの構成―」に加筆修正したものである。

　なぜ「転職」を研究しようと思ったのか。理由は大きく2つある。1つめは，筆者自身が頻回転職者だからである。今は大学教員であるが，初職の，いわゆるOLの頃にはこのような自分の将来を予想も希望も全くしていなかった。頻回転職は，私にとって夢に敗れ続けたプロセスであり，一方で，その都度開けてきた未知の境地に挑み続けたプロセスでもある。そのような転職経験は筆者の人生に何をもたらしたのか，明らかにしてみたい。いつ頃からか，そんな思いが高じていった。

　2つめは，その頻回転職を経て臨床心理士となり，職安のカウンセラーとして何名かの頻回転職者と出会ったからである。たとえば，「就職が決まりました」と嬉しそうに報告に来てくれたのに，数か月後には「やっぱり辞めました」と肩を落として職安に舞い戻ることを繰り返している……。そんな頻回転職の"上級者"たちによるキャリアの語りに，頻回転職の"初級者"の筆者は圧倒されっぱなしだった。かくして，頻回転職について，筆者自身のことでもあり，他人のことでもあり……という，まるでウロボロス（自分の尾を嚙んで輪になったヘビ）のような問題意識を持つに至った。そして，それが本書の研究開始の強い動機となったのである。

　したがって，本文中では言及しなかった本書の潜在的な特徴として，研究テーマと研究者自身の人生上の課題が非常に接近していることがあげられる。その意味で，近年，質的研究の領域で注目されている「当事者研究」（定義は多様であるが，ここではとりあえず〈研究者が，対象事象の当事者である研究〉としておく）の流れに本書を位置づけることができるかもしれない。当事者研究に対しては，研究者自身が当事者であるがゆえに，研究結果の客観性が低いのではないかという懸念が示されることがある。そこで，たとえば，飯牟礼

(2007) のように，インタビュー研究に加え，実験的な研究（たとえば，数種の文章課題に関して決められた質問をしていく）を実施することで「対象者の『直接的な』理解を求めるというよりはむしろ『客観的な』理解をめざす」(p.121) という取り組みが行われることもある。ここではその手法の是非には踏み込まないが，広義では同じく質的研究とはいっても，飯牟礼 (2007) と本書では認識論が大きく異なると言えるだろう。

　大谷 (2016) は，個々の質的研究が立脚している認識論に注目した「質的研究スペクトラム」概念を示している。それによると，質的研究は，一方の端に，「n（筆者注：サンプル数）が大きく，実証主義的で客観主義的な実在志向の研究」が，他方の端に「小さな n に対して深い解釈を行う解釈学的で意味志向の研究」が位置する連続体として存在している。これに従えば，飯牟礼 (2007) の研究は，前者の「実証主義的で客観主義的な実在志向の研究」で，本書は後者の「解釈学的で意味志向の研究」だと位置づけることができる。とくに，本書は，インタビュイーがたった 2 名の，まさに「小さな n」による，極めて解釈学的な研究だと言っていいだろう。

　また，上述の飯牟礼 (2007) は，「当事者であることが当事者研究を行う際，最も有益にはたらくのは，問題を発見する文脈であると考える」とした上で，「当事者研究者」には，体験から得た「経験知」があるため，言語化されていない経験である「暗黙知」を言語化し，構成概念として概念化することを「比較的容易にこなせる」(p.115) と述べている。たしかに，そのような側面もあるだろう。ただ，本書の研究において，筆者が頻回転職の当事者であることによって「最も有益にはたらく」というようなことが仮にあったとすれば，それは「問題の発見」の段階というよりは，「データ採取」の段階，つまり，インタビューのプロセスにあったのではないか，と筆者は考えている。

　質的研究においては，インタビューは，単なる情報収集の手段なのではなく，Fontana & Frey (2000/2006) も指摘するように，交渉に基づく積極的な相互行為なのである。そのため，まずはインタビュイーに「語りたい」と思ってもらえなければ，質的研究としての意味あるデータ採取は成立しない。大谷 (2017) は，研究者がインタビュイーにとって「語りたい相手」であることの

あとがき

重要性を指摘し,「その人が研究者を語りたい相手であると思えるかどうかは,インタビュイーの有する経験や体験を深く聴き取る人であると思えるかどうか,それを受容する人であると思えるかどうか,そしてさらにそれを研究に生かして,同様な背景を持つ人たちや同様な経験をする人たちのために貢献してくれる人であると思えるかどうかにかかっている」としている。筆者が頻回転職の当事者であることで,本書の研究参加者であるA氏とB氏に,わずかではあってもそんなふうに感じてもらえた部分も無くは無かったのではないか。そして,それも影響して,本書は善財童子キャリアモデルを導出することができたのではないかと,幾ばくかの期待も含めて筆者は考えている。

* * *

本書でメタファーとして用いた善財童子が,さとりへの導きを乞うた際の,文殊菩薩の最初の回答は,「まず良き師を求め,その師に従いなさい」というものであった。今ふりかえると,本書執筆の過程は,筆者にとってまさに善財童子の求道の旅のようであった。その道程で出会った多くの良き師に,ここで謝辞を表したい。

本書の元となった名古屋大学の学位請求論文の執筆にあたっては,まず主指導教員で,SCATの開発者でもある大谷尚先生に大変お世話になった。人生最後の学校教育で,研究も,お人柄も,心から尊敬できる先生に指導していただいたことは幸せという他ない。ここで改めて,大谷先生に厚く御礼申し上げる。また,副指導教員の寺田盛紀先生(現・岡山理科大学),同じく副指導教員の柴田好章先生には,常に親身で建設的なご指導をいただいた。長谷川元洋先生(金城学院大学),坂本將暢先生(現・名古屋大学),肥田武先生(現・一宮研伸大学)はじめ,大谷ゼミの先輩・同期の皆さんからは多くの研究的刺激をいただいた。

前職場の金城学院大学では,川瀬正裕先生に本書第2章の原著である安藤(2010)の投稿に際してご指導をいただいた。

愛知県内のさる公共職業安定所の職員の皆さんと,そこで出会った頻回転職

者の皆さんから伺った話が本書の問題意識につながっている。

　現職場である名古屋学院大学では，十名直喜先生の「早く出版をしなさい！」という幾度もの温かい叱咤激励がなければ，本書の出版は未来永劫なかったと言っても過言ではない。また，若き同僚・野尻洋平先生には出版にあたっての有益な助言をいただいた。江利川良枝先生をはじめとする「キャリアデザイン」科目の先生方と，キャリアセンターの皆さんからは常時の研究的示唆をいただいた。研究に集中できる環境を用意してくださった現代社会学部の先生方，事務手続きを取り仕切っていただいた総合研究所の皆さんに大変お世話になった。なお，本書は名古屋学院大学の出版助成金によって刊行されている。

　そして，北大路書房の奥野浩之氏と黒木結花氏には出版の仕組みの基礎からご指導いただき，脱稿まで辛抱強く見守っていただいた。

　以上の皆さまに深く御礼申し上げる。

　そして何より，お名前をあげることはできないが，研究参加者のＡ氏とＢ氏に深く御礼申し上げる。インタビュー収録にあたってはご自宅にお邪魔させてくださったり，あるいは，遠路はるばる愛知県までお越しくださったり……。それぞれの貴重なご経験を，飾らず，率直にお話しくださったことによって，本書は完成をみることがでた。

　最後に，研究の開始と継続を支えてくれた家族に，とくに，可愛くも厳しい最初のレビュアーになってくれた娘に，この場を借りて改めての深い感謝を捧げる。

　　2019 年 2 月

　　　　　　　　　　　　　　　　　　　　　　　　　　　　安藤りか

―――― 著者紹介 ――――

安藤りか（あんどう・りか）

2005年　金城学院大学大学院人間生活学研究科博士課程（前期）人間発達学専攻修了
2013年　名古屋大学大学院教育発達科学研究科博士課程（後期）教育科学専攻単位取得退学
現　在　名古屋学院大学現代社会学部准教授　博士（教育学）・臨床心理士

● 研究テーマ
　キャリア，キャリアデザイン，キャリア教育科目の専門性，働くことの意味，質的研究，SCAT，臨床心理学